알뜰한 당신, **황금심**

장유정

목차
Contents

1 들어가며

어떤 작품이 명작인지 아닌지는 때로 세월이 말해주곤 한다. 오랜 세월이 흘러도 잊히지 않은 채, 우리와 조응하면서 우리에게 울림과 감동을 주는 작품은 명작이라 할 수 있을 것이다. 명곡도 마찬가지다. 아무리 수없이 많은 시간이 흘러도 어떤 노래는 사람들에게 쉼 없이 애창되고 대중이 이를 좋아한다.

특히 대중가요에서 대중의 반응과 호응은 중요하다. 그야말로 대중이 듣고 부르고 향유하는 노래가 '대중가요'이기 때문이다. 그렇다면 황금심이 불렀던 〈알뜰한 당신〉은 대중가요 중 명곡 반열에 오른다 할 수 있다. 어디 〈알뜰한 당신〉뿐이겠는가? 〈외로운 가로등〉, 〈삼다도 소식〉, 〈울산 큰 애기〉, 〈장희빈〉 등은 나이 든 세대들에게 아련한 향수를 자아내며 그들의 마음을 여전히 위로해 주는 명곡에 해당한다고 할 수 있다.

　그런데 그 노래를 부른 가수 '황금심'에 대해 우리는 얼마나 알고 있는가? 16살에 데뷔해서 평생 노래를 부른 그녀였지만, 정작 우리는 그녀에 대해 잘 모를뿐더러 인터넷에 떠도는 그녀에 대한 정보는 잘못된 것이 많다.

　사실상 이제까지 한국 대중음악사에서 광복 이전의 대중음악에 대한 관심은 그다지 많지 않았다. 광복 이전에 나온 대중음악은 대중음악사의 초창기를 장식하는 중요한 음악임에도 불구하고 이에 대한 관심이 적었던 것이다. 하지만 어떤 사물의 첫 모습을 사실 그대로 아는 일은 그 대상의 전모를 파악하고 전체를 제대로 이해하는데 큰 도움이 될 수 있다. 따라서 초창기 대중음악을 이해하기 위해서 당시의 대중가요뿐만 아니라 이를 노래한 가수에 대한 관심과 이해는 필수적이라 할 수 있다.

　많은 이들에게 잊힌 인물에 불과할지라도 한국 대중음악사를 올바르게 이해하기 위해 그들에 대한 정확한 기록을 남기는 작업이 필요하다. 또한 한 여성으로 볼 때도, 그녀의 삶은 많은 이들에게 귀감이 될 것이다. 그 때문에 지금 여기에 황금심을 불러내어 그녀에 대해 얘기하지 않을 수 없다. 그러므로 지금부터 자신이 부른 노래 제목처럼 알뜰하게 한평생을 살다간 그녀에 대해 알아보고자 한다. 아울러 어머니에 대한 증언을 들려준, 황금심 선생님의 아드님이시자 가수로도 활동하고 있는 고영준 선생님께도 이 지면을 빌려 감사의 마음을 전한다.

2 어린 소녀,
가수를 꿈꾸다

1922년 1월 7일(음력 1921년 12월 10일), 서대문구 영천을 본적으로 하는 황금심은 아버지 황문수, 어머니 백순월 사이에서 일곱 자매 중 여섯 번째 딸로 태어났다. 황금심의 아버지 황문수는 어려서 아버지가 돌아가시는 바람에 큰아버지 댁에서 어린 시절을 보냈고, 어머니 백순월은 궁녀로 궁에서 명성황후를 모셨다고 한다. 그녀는 명성황후가 돌아가시고 고종마저 서거(逝去)하자, 궁에서 나와 황문수를 만나 결혼하였다.

인터넷을 비롯한 황금심 관련 자료에서 황금심이 '부산 동래'에서 출생했다고 단정적으로 표현한 것이 많은데, 이는 명백한 오류다. 아드님이신 고영준 선생님이 확인해준 바에 따르면, 황금심은 종로구 관수동에서 태어났고 호적에는 본적이 서대문구 영천동 164번지라 기록되어 있다고 한다. 즉 황금심은 부산이 아니라 서울에서 출생한 것이다.

사실상 인터넷 등에서 황금심의 고향이라고 기록한 '부산

10대 소녀 시절의 황금심

동래'는 황금심이 아닌, 그의 남편이자 일제강점기 때부터 이름을 날렸던 가수 고복수와 관련이 있다. 울산 병영에서 태어난 고복수가 부산 동래구 수안동에서 자랐던 것이다. 실제로 고복수의 본적이 부산 동래구 수안동 599번지로 적혀 있다고 한다. 따라서 '부산 동래'는 황금심이 아닌 고복수와 관련이 있는 지역이라 할 수 있다. 굳이 황금심과 부산을 연관시킨다면, 황금심이 부산 공연 때, 아기를 낳았던 것을 들 수 있다. 고영준 선생님의 누님이신 고영옥을 부산에서 낳았고, 이때 작곡자 손목인 선생님의 부인이 아기를 받아주었다고 한다.

본명이 황금동(黃今童)인 황금심은 대중가요 가수로 활동할 때는 거의 대부분 황금심(黃琴心)이란 예명을 사용했고, 오늘날까지도 '황금심'으로 더 많이 알려져 있다. 세례명은 '황마리아'고, 황금심이라는 이름으로 빅타 음반회사에 음반을 발매한 것과 거의 동시에 그녀는 오케 음반회사에서 '황금자'라는 이름으로 〈지는 석양 어이 하리〉와 〈왜 못 오시나〉를 발표하기도 했다. 그러므로 황금심은 본명 황금동을 위시하여, 황금자라는 예명과 황마리아라는 세례명을 사용했던 것이다.

그녀가 대중가요 가수로 데뷔하게 된 경위에 대해 박찬호는 『한국가요사』에서 이렇게 묘사하고 있다.[1] 서울 청진동의 어느 여관집[2]에서 매일 매력적인 소녀의 목소리가 흘러나와 길 가던 사람의 걸음을 멈추게 했고, 그 소리에 매료된 빅타 음반회사의 문예 부원이 그녀를 찾아가 전속 계약을 맺었다는 것이다. 그리고 황금심의 남편인 고복수도 황금심의 부모님이 서울 청진동에서 '일광 여관'을 경영했다고 기록하고 있다.[3] 그런데 고영준 선생님의 말씀에 따르면 외가댁이 여관을 운영했었다는 말은 들어본 적이 없다고 한다.

다시 고영준 선생님의 말씀에 따르면, 황금심이 살던 동네에 작곡자 이면상이 살았다고 한다. 이면상은 〈울산 큰 애기〉, 〈한양은 천리원정〉, 〈꽃을 잡고〉, 〈처녀제〉 등 당시에 많은 인기곡을 작곡했던 분이다. 그런 그가 황금심이 노래를 구성지게 잘하는 것을 보고 황금심의 아버지를 찾아갔다고 한다. 찾아가서 황금심의 아버지께 황금심을 가수시키라고 권유하였으나, 아버지는 노발대발하면서 그를 쫓아냈다고 한다. 그렇다면 그녀는 어떻게 가수가 되었을까?

일단, 황금심의 데뷔곡을 보자. 당시 유성기 음반 한 장에는 앞뒷면에 각각 3분 분량의 대중가요가 한 곡씩 들어갈 수 있었다. 보통 대중가요가 3분 정도의 길이로 이루어진 것도 이러한 유성기 음반의 영향에서 비롯했다고 할 수 있다. 황금심은 1938년에 빅타 음반회사에서 음반을 발매했다. 황금심이 부른 앞면의 〈알뜰한 당신〉(조명암 작사, 전수린 작곡, 빅타 KJ1132A, 1938)과 그 음반 뒷면의 〈한양은 천리 원정〉(조명암 작사, 이면상 작곡, 빅타 KJ1132B, 1938)이 1938년 정월 신보로 발매된 것이다.

그런데 그녀는 빅타 음반회사에서 노래를 녹음하기 전에 이미 오케 음반회사에 발탁[scout]되어 있던 상태였다. 오케 음반회사의 김상진이 그녀를 당대 유명한 작곡자였던 손목인과 박시춘에게 소개하였던 것이다. 그리하여 황금심은 손목인의 곡인 〈지는 석양 어이 하리〉(추엽생 작사, 양상포(손목인) 작곡, 오케 12083A, 1938)와 박시춘의 곡인 〈왜 못 오시나〉(이노홍 작사, 박시춘 작곡, 오케 12094B, 1938)를 취입했다. 두 곡은 오케 회사에서 각각 1938년과 1월과 2월에 황금자라는 이름으로 발매되었다.

당시 음반회사에도 오늘날처럼 전속 가수 제도가 있었다. 그 때문에 특정 음반회사의 전속 가수가 다른 음반회사에서 노래를 취입할 수 없었다. 하지만 겨우 16살의 소녀였던 황금심이 그러한 제도를 잘 알 리 없었다. 오케 회사가 황금심과 전속 계약을 맺기 위해 사람을 보냈으나, 마침 그녀는 녹

음을 하기 위해 빅타 회사의 스튜디오에 가고 없었다고 한
다. 전속 계약을 잘 몰랐던 그녀는 본의 아니게 이중 계약 문
제에 휩싸이게 된 것이다.

　박찬호는 자신의 책에서 황금심의 이중 계약이 오케 회사
와 빅타 회사의 싸움이 되어 법정으로까지 갔다고 기술했으
나, 작사자 박노홍 선생님의 기억은 조금 다르다. 박노홍은
당시 이부풍, 이노홍 등의 필명으로 대중가요를 작사하였던
분이다. 그는 빅타에 있으면서 '이노홍'이란 예명으로 오케
회사에서 작품을 내기도 했다. 이노홍이란 예명으로는 오케
회사에서 남인수가 부른 〈애수의 소야곡〉과 이난영이 부른
〈해조곡〉 등을 발표하기도 했다. 아무튼 당시 그는 황금심
전속과 관련된 현장을 모두 지켜봤던 분이다.

　박노홍의 회고에 따르면, 오케 음반회사의 김상진이 황금
심을 박노홍과 박시춘에게 소개한 것은 맞다. 박노홍은 박시
춘 작곡의 〈왜 못 오시나〉에 가사를 붙였는데, 마침 노래를
부를 가수가 와 있다는 김상진의 말을 듣고 그때 처음으로 황
금심을 보았다고 한다. 아직 어린 소녀인데도 노래를 들어보
니 "음성이 특이하고 노래의 구김살에 독특한 점이 있어" 박
노홍은 놀랐다고 한다. 박노홍은 자신이 원래 적을 두고 있
는 빅타 회사에 돌아가서 작곡자 전수린을 설득하였다. 이어
서 북을 잘 쳐서 이름을 날리던 한성준(韓成俊)과 피리의 명수

인 이병우(李炳祐)를 만나 수소문한 끝에 황금심의 집주소를 알아냈다. 결국 그날 밤에 박노홍은 전수린과 함께 황금심의 큰 언니를 만나고 비밀리에 황금심을 빅타 회사에 끌어들인 후, 실제 교섭이 진행될 즈음 자신은 살짝 빠졌다고 한다.[4]

출처를 밝히지 않은 후대 연구자 박찬호 선생님의 기록과 비교할 때, 1981년이나 1982년 경에 박노홍 자신이 직접 서술한 「연예야화」에 수록된 황금심 관련 글은 황금심이 부른 노래를 작사한 당사자의 말이면서 상대적으로 상세한지라 더 신뢰가 가는 것이 사실이다. 이 일로 박노홍은 오케 회사의 작곡자이신 박시춘 선생님을 볼 때마다 그 생각이 나서 미안했다고도 한다. 결국 황금심은 이러한 우여곡절 끝에 정식으로 빅타 회사와 계약을 맺었다.

박노홍의 회고를 더 들어보면, 오케 회사가 〈왜 못 오시나〉를 황금자라는 이름으로 발표하고 시비를 벌이려 했으나 이미 빅타와 정식 계약을 맺은 후라 어쩔 수 없었다고 한다. 그렇다면 이 일은 박찬호 선생님의 기술과 달리 법정으로 가기 전에 빅타의 승리로 끝났다고 할 수 있다. 황금심은 이후 빅타에서만 음반을 발매했으니, 어떤 면에서 그녀는 빅타 회사와의 의리를 끝까지 지켰다고 볼 수 있다.

황금심이라는 예명과 관련해서도 『한국가요사』를 기술한 박찬호는 황금심이라는 예명을 작사가 이부풍(박노홍)이 지었다고 기술하였다. 하지만 황금심 선생님의 아드님이신 가수 고영준 선생님의 회고에 따르면, '황금심'이라는 예명은 작곡가 전수린이 황금심의 노래를 듣고 그녀의 목소리가 "거문고처럼 마음을 울리는 소리"라 해서 거문고 금(琴)자에 마음 심(心)자를 써서 '황금심'이라 지은 것이라고 한다. 그런가 하면, 1971년 5월 2일에 방송된 「추억의 스타앨범-황금심 편」에서는 황금심이라는 예명을 빅타 회사의 문예부장으로 있던 유영국이 지어주었다고 했다. 지금으로서는 누가 지은 것이라고 단정하기 어려우나, 이후로 그녀는 '황금심'이라는 이름으로 쭉 활동했다.

1938년, 황금심의 빅타 회사 데뷔곡인 〈알뜰한 당신〉은 크게 히트하였다. 그야말로 〈알뜰한 당신〉은 빅타 회사의 황금시대를 이끈 대표곡이 되었던 것이다. 〈알뜰한 당신〉이 이토록 히트를 했으니, 오케 회사에 이미 스카우트되어 있던 황금심을 빅타 회사로 데려온 박노홍이 사람을 정확하게 봤다고 할 수 있다.

당대뿐만 아니라 〈알뜰한 당신〉은 오랜 시간 동안 많은 이들에게 사랑을 받았다. 『동아일보』 1959년 1월 23일자에는 「백만 인에게 불린 흘러간 옛 노래」라는 제목으로 대중에게 가장 많이 불린 대중가요 20곡이 소개되어 있다. 〈황성의 적〉, 〈처녀총각〉, 〈젊은이의 봄〉, 〈타향(살이)〉, 〈목포의 눈물〉,

빅타 회사의 대표 가수였던 박단마와 황금심의 다정한 모습

〈조선팔경〉, 〈애수의 소야곡〉, 〈왕서방 연서〉, 〈청춘극장〉, 〈연락선은 떠난다〉, 〈야류강천리〉, 〈화류춘몽〉, 〈알뜰한 당신〉, 〈나그네 설움〉, 〈소주뱃사공〉, 〈신라의 달밤〉, 〈한강〉, 〈방랑시인 김삿갓〉, 〈아메리카차이나타운〉, 〈나 하나의 사랑〉이 그것이다. 20곡 목록에 〈알뜰한 당신〉이 들어가 있으니, 광복 이전에 나온 노래가 이후에도 지속적인 사랑을 받은 것을 알 수 있다.

당시에 황금심은, "나는 가슴이 두근거려요"로 시작하는 〈나는 열일곱 살〉(이부풍 작사, 전수린 작곡, 박단마 노래, 빅타 KJ1205, 1938)을 부른 박단마와 더불어 광복 이전 빅타 회사의 간판 스타였다. 황금심은 〈알뜰한 당신〉이 성공한 후에도 〈여창에 기대어〉, 〈외로운 가로등〉, 〈만포선 천리 길〉, 〈추억의 탱고〉 등을 계속 발표해서 상당한 인기를 얻었다.

3 인생고해(人生苦海)에 위로가 된 황금심의 노래

예나 지금이나 대중음악의 가장 중요한 기능 중 하나는 그 것이 대중의 마음을 위로해준다는 점일 것이다. 인생을 살 다 보면, 늘 좋은 일만 있는 것이 아니라는 것을 우리는 경험 으로 알고 있다. 때로 우리는 인생고해에서 예상치 못한 격 랑을 만나 당황하고 좌절하고 절망하기도 한다. 이 세상에서 오직 나만 혼자라고 느껴질 때, 그래서 외롭고 고독할 때, 어 디선가 우연히 들려오는 음악은 천국의 소리가 되어 나를 위 로해주고 다시 살 힘을 주기도 한다.

일제강점기라고 해서 다르지 않았다. 아니, 오히려 상황이 나쁠 때, 그래서 희망조차 갖기 어려울 때, 우리는 더욱 많은 위로와 위안거리를 찾게 된다. 그런데 내가 어떤 노래를 듣 고 거기에 반응하고, 때로 그를 통해 감동과 위로를 받는 것 은 아직까지 과학적으로 설명하기 어려운 부분이기도 하다. "도대체 왜 이 노래에 감동을 받는 것일까?"라고 질문할 때,

논리적이고 합리적으로 그 이유를 설명할 수 있는 사람은 거의 없을 것이다. 어쨌거나 노래를 듣고 웃고 우는 경험은 일종의 '감정 정화 작용'이라 할 수 있다. 이는 아리스토텔레스가 『시학(詩學)』에서 비극이 관객에게 미치는 중요한 작용의 하나로 든 카타르시스(catharsis)와 상통한다고 할 수 있다.

주지하다시피, 카타르시스는 비극을 봄으로써 마음에 쌓여 있던 우울함, 불안감, 긴장감 따위가 해소되고 마음이 정화되는 일을 의미한다. 그리고 이는 슬픈 노래를 듣고 느끼는 감정 정화 작용과도 유사하다고 할 수 있다.

이처럼 괴로운 인생고해에서 만난 노래 한 곡은, 때로 목이 타는 듯한 갈증으로 쓰러지기 직전의 사막에서 만난 오아시스이자 천국이 내게 준 응답이자 구원이 되기도 한다. 황금심은 자신이 애호가[fan]를 본의 아니게 위로해주었던 경험을 「인기가수의 심경을 들음」(『조광』 1938년 7월호)이라는 기사에 소개하였다. 오늘날처럼 인터넷이 발달하기 훨씬 전이지만, 당시 가수들은 대중의 새로운 스타이자 영웅으로 떠올랐다. 그 때문에 자신이 좋아하는 가수에게 애호가 편지[fan letter]를 보내거나 인기 가수 투표에 참여하는 것도 당시 경성에서 볼 수 있는 풍경 중 하나이기도 했다.

당시 가수들은 '연주 여행'이라는 이름 아래 전국은 물론 만주와 일본 등지로 공연을 다녔었다. 황금심도 예외는 아니었는데, 그렇게 연주 여행을 다녀오면 회사에는 산더미처럼 애호가 편지가 쌓여 있었다. 무대에 선 자신을 겨우 한 번 정도 본 사내들이 편지에서 자신 때문에 "죽네 사네" 하는 것을 보면, '꽃을 찾아다니는 미친 나비[탐화광접(探花狂蝶)]'를 보는 것처럼 그들이 경박하게 느껴지기도 했다.

하지만 점잖게 자신에게 '수결[autograph]'을 보내달라는 분이나 격려해 주는 내용의 편지를 보면서 황금심은 고마움을 느끼기도 했다. 그러던 어느 날, 황금심은 어떤 애호가로부터 편지를 받았다. "인생고해(人生苦海)를 저어가기 괴로워 몇 번이나 자살을 시도했었는데, 황금심의 노래를 듣고 다시 살 생각이 났다"는 내용의 편지였다. 황금심은 노래 하나에 살 생각이 났다는 것이 우습기도 하지만, 자신의 노래로 한 사람의 생명을 구했다고 생각하면 웃음만으로 돌릴 수 없다고 하였다. 그랬다. 때로 노래 한 곡이 인생 고해에 소중한 위로가 되기도 했던 것이다.

4 스타 부부 가수의 탄생

황금심이, 〈타향(타향살이)〉으로 당대에 많은 인기를 얻은 가수 고복수(1912년 12월 25일 - 1972년 2월 10일)를 처음 본 것은 황금심의 제일 큰 언니였던 황복동을 따라 부민관[5]에 가서 봤던 공연 무대에서였다. 황금심의 언니는 고복수의 팬이었는데, 당시 10대 초반의 어린 황금심도 고복수가 노래하는 모습을 보면서 '하늘에서 내려온 분'이라 생각하였다. 그때 그 무대를 보면서 황금심 또한 가수가 되고 싶은 욕망에 사로잡혔다. 황금심은 고복수가 노래하는 모습을 보며, 막연하게나마 가수의 꿈을 키웠던 것이다. 그때부터 황금심은 축음기에 매달려 노래 공부만 했다. 식구들은 주야장천(晝夜長川) 노래만 하는 황금심을

젊은 시절의 고복수

염려하였다. 황금심은 언니의
걱정과 부모님의 꾸중에 집을
나와 삼촌집으로 갔다가 도로
집에 붙들려 온 적도 있다.

젊은 시절의 황금심

황금심의 데뷔 시절, 오케
회사에서 황금심이 노래 테스
트를 받을 때 고복수도 그 자
리에 있었다고 한다. 고복수
는 황금심을 자신이 소속된
오케 회사에 데려오고 싶어 했으나, 이미 빅타 회사에서 전속
계약을 맺는 바람에 고복수와 황금심이 처음부터 한 회사에
서 함께 할 수 없었다. 고복수와 황금심의 만남은 조금 더 뒤
에 이루어졌다. 어느 날, 황금심이 있는 빅타 회사에 고복수
가 찾아왔다. 황금심은 오케 회사에서 만난 적이 있고, 자신
이 '신(神)'처럼 생각하던 고복수를 만나자 반가운 마음에 정
성스럽게 고복수를 맞이했다.

　"아이고, 고 선생님! 여기 웬일이십니까?"
　"음, 앞으로 이제 금심이하고 자주 만날 기회가 있을 거야."

그날부터 빅타 회사에 자주 들렸던 고복수는 황금심을 귀

여워 해주었다. 1930년대 후반에는 콜럼비아, 빅타, 오케 등의 음반 회사가 각각 악극단을 조직해서 순회공연을 다니곤 했다. 황금심이 소속된 빅타 회사도 예외는 아니었다. 1940년 봄에 새롭게 정비한 반도악극좌(빅타연주단)는 조선 일대의 순연을 마치고 만주에까지 공연을 갔다. 『동아일보』 1940년 3월 13일자를 보면, 김용환의 주재로 반도악극좌가 조직된 것을 알 수 있다.[6] 일제강점기에 대중가요를 작곡하고 직접 노래도 했던 김용환은 〈눈물 젖은 두만강〉을 부른 김정구의 형이며, 성악가이면서 대중가요도 불렀던 김안라의 오빠이다.

당시 반독악극좌의 총지휘에 김용환, 사교(社交: 오늘날 '섭외'에 해당)에 임서방, 문예와 연출에 김성집, 장치에 최송, 연기부에 고복수, 이인근, 송달협, 손일평, 박단마, 황금심, 송금령, 이은파, 강남월, 김안라 등이 참여했다. 임서방은 일제강점기에 극작가 겸 연출가로 활동했고, 연출을 맡은 김성집은 대중가요 작사가로 활동했던 인물이다. 그 밖에 고복수, 이인근, 송달협, 손일평, 박단마 등은 모두 일제강점기에 활동했던 가수들이다. 반도악극좌는 주로 조선의 고전 야화나 전설을 가극화했는데, 김성집이 각색하고 김용환이 작곡을 맡은 〈춘향전〉이 인기를 얻었다.

처음부터 황금심에게 마음이 있었던 고복수는 오케 회사

에 황금심을 데리고 올 수 없자, 자신이 오케 회사에서 나와 빅타 회사의 반도악극좌에 들어갔다. 그리고 반도악극좌에서 준비한 〈옥중 춘향전〉에서 고복수는 이몽룡을, 황금심은 성춘향 역을 맡았다. 연극이 처음이었던 황금심은 춘향이 역을 고사할 정도로 많이 긴장하고 그 역할이 부담스러웠다. 게다가 상대는 자신이 존경의 대상으로 우러러 보던 고복수였다. 고복수가 잘해주면 줄수록 황금심은 더 깍듯하게 예의를 지켰다. 그러다가 황금심을 좋아하는 고복수의 마음을 황금심도 눈치 챘다.

〈옥중 춘향전〉 공연은 근 1년 동안 이어졌다. 전국을 돌고 북만주로 가는 등 곳곳을 돌아다니면서 성춘향 황금심은 이몽룡인 고복수의 극 중 연인이 되어 함께 공연을 했던 것이다. 하루는 〈옥중 춘향전〉의 옥중 장면에서 고복수가 자꾸 황금심의 손을 잡으려고 했다. 황금심은 유난히 자신을 예뻐하는 고복수가 부담스럽기도 해서 고복수가 자신의 손을 잡으려 할 때마다 자꾸 손을 뺐다. 차라리 그의 마음을 몰랐으면 그렇게 잡는 것인지 알고 고복수에게 손을 잡혔을 텐데, 고복수의 마음을 아는지라 오히려 그의 손을 잡을 수 없었던 것이다.

고복수는 『가요이면사』라는 책에서 간신히 황금심의 손목을 잡는 것 말고는 아무것도 할 수 없어 공연이 끝나면 허무

했다고 한다. 그러자 고복수는 "영화 구경을 시켜준다"며 황금심을 유인하여 숲이 울창한 당시의 영도사(신흥사)로 데려가서 사랑을 맺었다. 하지만 이 '억지 사랑'이 소문이 나면서 당시 친일 단체였던 조선연예협회에서 '연예인의 품위를 손상시켰다'는 이유로 고복수를 제명 조치하려 했고, 고복수는 이를 피해 잠시 일본으로 건너갔다. 고복수가 일본에 있는 사이 황금심이 아기를 낳았고, 양가 부모님들은 손자를 보고 나서야 결혼을 승낙해주었다고 한다.

결국 10살이라는 연령의 차이와 집안의 반대에도 불구하고 황금심과 고복수는 1941년에 결혼을 했다. 부부가 된 그들은 함께 〈장한몽〉을 부르기도 했다. "듣기 싫다. 더러운 년! 김중배의 다이아몬드 반지에 눈이 어두웠단 말이냐? 그 다이아몬드 반지와 네 절개가 바뀌었단 말이냐?" 하는 대사에 이어 "대동강변 부벽루를 산보하는 이수일과 심순애의 양인(兩人)이로다"로 시작하는 〈장한몽〉의 원곡은 1918년 일본에서 발표되어 유행한 〈금색야차(金色夜叉)〉 혹은 〈신금색야차(新金色夜叉)〉이다. 〈금색야차〉는 원래 일본에서 1897년에서 1902년까지 신문에서 연재된 소설이었는데, 이것이 인기를 얻으면서 영화와 노래로 만들어졌다. 그리고 그것이 1920년대 초에 우리나라에 들어와서 오랫동안 인기를 얻었던 것이다.

그리고 일제 말, 대중가요의 수난기이자 암흑기였던 그 시절에 고복수와 황금심은 '고복수와 그 악극단'을 조직해서 일본의 주요 도시를 순회하며 강제 노동에 시달리던 재일(在日) 조선인을 위문하는 공연도 했다. 1943년에는 일제의 총동원령에 따라 후방에서는 산업전사 위문 공연 연예대가 많이 생겨났다. 이때 고복수와 황금심 부부는 전옥이 이끄는 '백조위문대(남해위문대)'의 주요 구성원으로 활동하였다. 그리고 그렇게 해방을 맞이하였다.

5 광복 이전에 황금심이 부른 유행가 : 〈알뜰한 당신〉에서 〈하루살이 사랑〉까지

  광복 이전에 그녀가 부른 노래는, 지금 확인되는 것으로 44곡 정도이다. 광복 이전에 대표적인 음반 회사로는 콜럼비아, 빅타, 오케, 시에론, 태평, 포리돌을 들 수 있다. 그 외에 우리나라 자본으로 만든 코리아(뉴코리아)를 위시하여, 디어, 고라이, 밀리온, 쇼지꾸, 돔보 등의 군소 음반 회사들도 있었다. 당시 음반 회사 중에서 빅타 회사는 콜럼비아 회사에 이어 두 번째로 큰 규모의 회사였다. 황금심은 이 빅타 회사에서 전속 가수로 광복 이전까지 활발하게 활동했다.

  발매된 음반 중에서 그녀가 부른 노래의 수를 연도별로 보면, 1938년에 16곡, 1939년에 14곡, 1940년에 10곡, 1941년에 3곡, 1943년에 1곡, 그리고 연도를 알 수 없는 곡이 1곡 정도로 집계되었다. 부른 노래의 곡종을 보면, 유행가 21곡, 가요곡 7곡, 신민요 7곡, 블루스 3곡, 주제가 1곡, 곡종을 알 수 없는 곡이 5곡으로 나타났다. '가요곡'은 1940년대 말에 일제가 전시체제 하에서 '유행가'라는 용어를 쓰는 것이 맞지 않는다 하여 '유행가'를 대신해서 사용했던 용어이다. 그러므로 유행가와 가요곡은 유사한 용어라 할 수 있다. '유행가'는 당시에 유행한 노래를 뜻하면서, 여기에 오늘날 우리가 '트로트'라고 지칭하는 노래 대부분이 포함되어 있다. 결국 그녀는 트로트에 해당하는 노래를 가장 많이 불렀다고 볼 수 있다.

황금심은 주로 박노홍이 작사하고 전수린, 이면상, 문호월 등이 작곡한 곡을 불렀다. 당시에도 오늘날처럼 예명을 사용하는 작사가와 작곡가들이 많았다. 박노홍도 마찬가지였다. 박노홍은 유독 다양한 필명을 사용했는데, 그가 사용한 필명으로 확인되는 이름으로 이부풍, 이노홍, 화산월, 강영숙, 김화암, 노다지, 박화산, 이사라, 조화암을 들 수 있다. 즉 황금심이 부른 노래의 작사가 이름에 강영숙, 이부풍, 화산월, 이노홍 등이 보이는데, 이들은 모두 동일 인물인 것이다.

그러면 그녀가 부른 노래를 좀 더 자세하게 살펴보기로 한다. 그녀가 부른 대표적인 노래로는 먼저 〈알뜰한 당신〉을 들 수 있다.

울고 왔다 울고 가는 설운 사정을 당신이 몰라주면 누가 알아
주나요
알뜰한 당신은 알뜰한 당신은 무슨 까닭에 모른 척 하십니까요

만나면 사정하자 먹은 마
음이 울어서 당신 앞에
하소연 할까요
알뜰한 당신은 알뜰한 당
신은 무슨 까닭에 모른
척 하십니까요

〈알뜰한 당신〉 음반 이미지(최영복 소장)

안타까운 가슴 속에 감춘
사랑을 알아만 주신대도 원망은 아니 하련만
알뜰한 당신은 알뜰한 당신은 무슨 까닭에 모른 척하십니까요
〈알뜰한 당신〉(유행가, 조명암 작사, 전수린 작곡, 황금심 노래, 빅타
KJ1132, 1938)

A단조와 4분의 2박자, 26마디로 이루어진 〈알뜰한 당신〉
은 오늘날 우리가 트로트라고 하는 노래의 전형적인 양식을
따르고 있다. 보통 광복 이전에 나온 트로트는 2박자에, 전체
7음 중에서 4음과 7음이 빠진 5음계로 이루어져 있기 때문이
다. 전형적인 트로트 양식으로 이루어진 〈알뜰한 당신〉은 발
매된 당시는 물론이거니와 그 이후로도 오랫동안 많은 이들
의 사랑을 받았다.

〈알뜰한 당신〉이 당시에 사랑을 받은 이유로는 그 선율이

〈알뜰한 당신〉의 광고(「동아일보」 1938년 1월 7일)

좋거니와 황금심의 순수하면서도 간드러진 창법과 노래 가
사도 들 수 있다. '알뜰하다'는 '다른 사람을 아끼고 위하는
마음이 참되고 지극한' 것을 이르는 말이다. 가사에는 자신
의 마음을 알아주지 않는 임 앞에서 서운한 마음을 내색하지
도 않고 임을 원망하지도 못하는 시적 화자의 안타깝고도 애
틋한 마음이 잘 담겨 있다. 그러면서도 임을 '알뜰한 당신'이
라 하여 임에 대한 원망보다는 임에 대한 사랑과 애정을 드러
내고 있는 것이 〈알뜰한 당신〉의 가사이다.

　흥미로운 것은, 예나 지금이나 가수가 좋아하는 노래와 대
중이 좋아하는 노래가 언제나 일치하는 것은 아니라는 점이
다. 황금심은 『조광』(1938년 7월호)과의 인터뷰에서 다음과 같
이 말하고 있다.

"제가 넣은 곡 중엔 〈알려주세요〉만은 자신(自信)이 있는 음반(盤)이라 생각합니다. 그러나 팔리기는 〈알뜰한 당신〉이라나요? 어떻든 이 두 음반이 제게 있어서는 가장 자신 있다고 생각합니다."

아직까지 음원을 찾을 수 없어 들어보지는 못했지만, 〈알려주세요〉의 가사도 〈알뜰한 당신〉과 마찬가지로 임에게 자신의 마음을 알아달라는 내용으로 이루어져 있다.

밤마다 그리는 안타까운 맘/ 나만 혼자 안고서 애태웁니다
옷깃에 스머드는 저 달빛이여/ 그리운 우리 님의 더운 심장에
알려주세요 네/ 알려주세요
〈알려주세요〉(블루스, 문호월 작곡, 황금심 노래, 빅타 KJ1197, 1938)

위에 인용한 것처럼, 〈알려주세요〉 역시 〈알뜰한 당신〉과 마찬가지로 내 마음을 몰라주는 임 때문에 안타깝고 애타는 시적 화자의 마음이 잘 드러나 있는 노래이다. 당시 광고에는 이 노래를 들어, "만인(萬人)을 뇌쇄(惱殺)한 황금심양의 새로운 걸작(新傑作)"이라고 소개하고 있다. 보통 여자가 자신의 아름다움으로 남자를 매혹시켜 애를 타게 만들 때 '뇌쇄한다'고 말한다. 그렇다면, 당시도 오늘날과 마찬가지로 새로

운 음반을 광고할 때, 자극적이고도 성적(性的)인 호기심을 부추기는 광고를 했다는 것을 알 수 있다.

광복 이전에 그가 부른 대표적인 유행가의 제목을 보면, 앞서 제시한 〈알뜰한 당신〉과 〈알려주세요〉를 위시하여 〈마음의 항구〉, 〈저도 몰라요〉, 〈미련의 꿈〉, 〈빼앗긴 사랑〉, 〈열정무한〉, 〈여창에 기대어〉, 〈포구의 이별〉, 〈당신입니다〉, 〈울터이야요〉, 〈안 오시나요〉, 〈만포선 천리길〉, 〈보내는 심정〉, 〈입술을 깨물면서〉, 〈풋댕기 숙제〉, 〈원망스럽소〉, 〈눈물의 손수건〉, 〈광야에서〉, 〈반달 뜨는 밤〉, 〈여성행로〉, 〈동로방천〉, 〈춘향의 노래〉, 〈항구의 풋사랑〉, 〈재 위에 쓰는 글자〉, 〈하루살이 사랑〉 등이 있다.

제목에서 짐작할 수 있듯이, 사랑 중의 행복하고 즐거운 마음보다는 이루어지지 않은 사랑이나 이별 후의 미련과 그리움으로 괴로워하는 시적 화자의 심정을 그린 노래가 많다. 실제로 가사를 보면, 떠난 임에 대한 미련과 원망을 담은 노래가 많다. 이는 기존의 전통가요가 보여주던 시적 화자의 수동성과 과거지향성을 계승해서 보여준 것이라 할 수 있다. 보통 전통가요에는 '떠나서 지금은 내 곁에 없는 임'이 등장하고, 떠난 임에 대한 시적 화자의 '수동성'과 '과거지향성'이 나타난다. 즉 임을 그리워하는 것 말고는 화자가 할 수 있는 일이 없다는 것에서 '수동적'이고, 화자의 기억과 추억이

현재와 미래가 아닌 과거에 머물러 있다는 점에서 '과거지향성'을 지적할 수 있는 것이다. 그리고 떠난 임을 그리워하는 여성의 모습은 전통적이고도 전형적인 우리나라 여성의 모습이기도 했다.[7]

물론 황금심의 노래 중에는 〈열정무한〉처럼 전형적인 여성의 모습과 다른 적극적인 여성이 등장하는 노래도 있다.

못 보면 그립고 만나서는 안타까워
이렇게 이렇게 보채며 보채며 통사정을 한다오
그러니 여보 그러니 여보
민하게 굴지를 말구요 말구요
귀엽게 보시고 사랑해 주어요
뜨거운 열정을 슬쩍 보여 주구려
〈열정무한〉(이부풍 작사, 황금심 노래, 빅타 KJ1217, 1938)

〈열정무한〉에는 이제까지 보기 어려웠던 적극적인 여성의 모습이 나타난다. 즉 "못 보면 그립고 만나서는 안타깝다"며 솔직히 자신의 감정을 드러내는가 하면 "보채면서 통사정"을 할 정도로 적극적인 여성이 등장하는 것이다. 노래 속 여성은 단순히 인내하고 기다리는 것에 머물지 않고 보채기도 하고 통사정도 해보는 것이다. 이전 시기와 비교해서 상대적으로 적극적인 여성의 모습을 보여주는데, 이는 달라진 시대 상황을 반영하는 것이기도 하다.

물론 이러한 노래를 작사한 작사가들은 대부분 남성이다. 따라서 남성이 자신들의 의식을 반영해서 작사를 했다고 말할 수 있다. 하지만 노래는 일반적인 시보다 조금 더 복잡한데, 작품 속에 등장하는 시적 화자와 그 작품을 창작한 실재 작가 사이에 가수가 한 명 더 개입되어 있는 것이다. 게다가 노래를 듣는 청자는 대체로 가사 속에 등장하는 시적 화자의 성별과 노래를 부르는 가수의 성별을 동일시하는 경향이 있다. 그렇다면 〈열정무한〉의 시적 화자의 성별을 노래를 부른 황금심의 성별과 동일한 것으로 간주할 수 있다. 그러므로 이 노래 속의 시적 화자는 황금심과 마찬가지로 여성이라 할 수 있는 것이다.

"민하게 굴지를 말구요 말구요 / 귀엽게 보시고 사랑해 주어요"라고 말하는 〈열정무한〉처럼 적극적인 구애를 통해 사랑을 쟁취하려는 여성이 등장하는 노래가 있기는 하지만, 대체로 황금심이 부른 유행가는 떠난 임에 대한 그리움을 표현한 노래가 대부분이다. 〈당신입니다〉, 〈안 오시나요〉, 〈입술을 깨물면서〉, 〈원망스럽소〉, 〈눈물의 손수건〉 등에서 이를 확인할 수 있다. 특히 '여자의 길'을 의미하는 〈여성행로〉라는 노래의 가사에서는 가부장적 사회에서 여자에게 요구했던 '인내'와 '인고'의 삶을 수용하는 전통적이고 전형적인 여성의 말을 들을 수 있다.

천 번이라도 속여라 만 번이라도 속여라
속이고 싶은 대로 속아주마
어차피 속는 것이 여자 걷는 길
타고난 내 운명을 달게 받으마
〈여성행로〉(박영호 작사, 진자성 작곡, 황금심 노래, 빅타 KJ1382A, 1940)

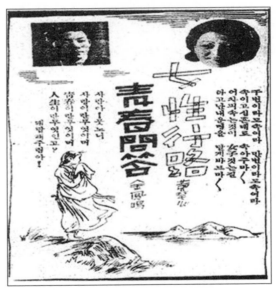

〈여성행로〉의 음반 가사지

〈여성행로〉광고(『동아일보』 1940년 3월 31일)

　　〈여성행로〉의 음원도 아직 찾을 수 없어서 정확한 선율을
알 수는 없다. 하지만 그 가사만 놓고 보건대, 〈여성행로〉는
'여자의 길'이 "속이는 대로 속아주며 자신의 길을 가는 것"
이라고 말하는 내용으로 이루어져 있는 노래이다. 그야말로
기존에 여성의 삶을 '인내'와 '인고'의 삶으로 간주한 것을
〈여성행로〉에서 답습하고 있는 것이다. 그러면서도 〈여성행
로〉에서 "타고난 내 운명을 달게 받으마"와 같은 구절에서는
단순히 여성의 삶을 답습하는 것을 넘어 일종의 비장미가 느
껴지기도 한다.

6 광복 이전에 그녀가 부른 블루스와 신민요 :
〈외로운 가로등〉에서 〈울산 큰 애기〉까지

　광복 이전에 황금심이 불렀던 유행가가 대체로 전통적인 여성상을 재현하고 확인하는 내용의 가사로 이루어져 있다면, 블루스와 신민요는 다른 모습을 드러내기도 한다. 황금심이 광복 이전에 부른 블루스는 지금까지 세 곡을 확인할 수 있다. 〈알려주세요〉(문호월 작곡, 황금심 노래, 빅타 KJ1197, 1938), 〈외로운 가로등〉(이부풍 작사, 전수린 작곡, 황금심 노래, 빅타 KJ1317, 1939), 〈주장 한 구석〉(이부풍 작사, 전수린 작곡, 황금심 노래, 빅타 KJ1333, 1939)이 그것이다. 그리고 곡종명에 '유행가'라 표기되어 있지만 탱고풍으로 이루어진 〈추억의 탱고〉(이부풍 작사, 이경주 작곡, 황금심 노래, 빅타 KJ13337B, 1939)도 서양 대중음악의 영향을 받아서 형성된 블루스와 동일 계열에서 다룰 수 있다.

　이 중에서 〈외로운 가로등〉은 광복 이후에 이미자를 위시한 여러 가수들이 리메이크할 정도로 오랫동안 많은 인기를

1939년 〈외로운 가로등〉의 광고

근대가요 다시 부르기 1 : 〈외로운 가로
등〉의 표지 이미지(장봉기 화백)

얻었던 곡이기도 하다. 인터넷에는 〈외로운 가로등〉이 황
금심의 데뷔곡이라고 적혀 있거나 발매 연도가 잘못 표기된
것도 왕왕 발견된다. 필자는 2012년에 '근대가요 다시 부르
기' 프로젝트를 진행하면서 가장 첫 번째 리메이크 곡으로
〈외로운 가로등〉을 선정하여 그에 대한 정보를 정확하게 바
로잡고 이제까지 아무도 리메이크하지 않은 〈외로운 가로등
〉의 3절까지 복원한 바 있다.

　비 오는 거리에서 외로운 거리에서/ 울리고 떠나간 그 옛날을
　내 어이 잊지 못하나

밤도 깊은 이 거리에 희미한 가로등이여/ 사랑에 병든 내 마음
속을 너마저 울어 주느냐

가버린 옛 생각이 야속한 옛 생각이/ 거리에 시드는 가슴 속을
왜 이리 아프게 하나
길모퉁이 외로이 선 서글픈 가로등이여/ 눈물에 피는 한 송이
꽃은 갈 곳이 어느 편이냐

희미한 등불 아래 처량한 등불 아래/ 죄 없이 떨리는 내 설움
을 뉘라서 알아주려나
심지불도 타기 전에 재가 된 내 사랑이여/ 이슬비 오는 밤거리
위에 이대로 스러지느냐
〈외로운 가로등〉 (이부풍(박노홍) 작사, 전수린 작곡, 황금심 노래, 빅
타 KJ1317, 1939)

작사가 정두수의 회고에 따르면, 〈외로운 가로등〉은 사연
이 있는 노래라고 한다.[8] 즉 비가 스산하게 내리던 어느 날,
작사자 박노홍이 종로 '명월관(明月館)' 앞을 지나고 있었다고
한다. '명월관'은 안순환(安淳煥)이 1909년경에 지은 유흥음식
점으로, 관기제도가 폐지된 후 관기 출신의 기생들을 기용해
서 그들의 기예와 유흥을 제공하던 음심점이다. 1937년도 겨

울, '빅타 가극단'의 창설 행사에 참석했다가 동료들과 술을 마시고 '명월관' 앞을 지나던 박노홍은 그 앞 골목길 가로등 밑에서 우산을 쓴 여인이 '명월관'에서 나오는 손님들의 얼굴을 지켜보는 것을 목격하였다. 그 다음 날 밤에도 그 여인을 본 박노홍은 3일 째 되던 날, 자신이 작가라는 신분을 밝히고 그 여인에게 용기를 내어 무슨 일인지 물었다.

간청 끝에 그 다음 날 낮에 그녀를 만난 박노홍은 그녀로부터 이야기를 들었다. 사실 그녀에게는 사랑하는 남자가 있었다. 그녀는 여학교를 졸업하고 고학생인 남자의 학비를 대기 위해 잠시 화류계에 몸을 던졌다. 여인의 헌신으로 일본 와세다 대학 법과를 졸업하고 고시에 합격해 검사가 된 남성은 여인에게 "모든 것은 과거의 일로 돌리자"며 노골적으로 여인을 밀어냈다. 하지만 여인의 뱃속에는 남자의 아이가 자라고 있었기 때문에 여인은 단념할 수 없었다. 그래서 아이에게 아버지를 찾아주기 위해 애인이 자주 드나드는 '명월관' 앞에서 우연이라도 그와 마주치기를 바라며 애인을 기다렸던 것이다. 여인의 슬픈 사연을 듣고 박노홍이 작사한 노래가 바로 〈외로운 가로등〉이라고 한다.

당시 빅타에서는 〈외로운 가로등〉을 들어, "황금심 양의 새로운 창법이요, 전수린 군의 심혈을 부은 근대(近代) 희유(稀有)의 걸작입니다"라고 광고하고 있다. 당시의 노래를 들어보면, 가사는 슬프되 노래는 오히려 담담하게 부른 것을 알 수 있다. 그에 반해 광복 이후에 리메이크한 곡들을 보면 광복 이전보다 더 애절하고 절절하게 감정을 넣어서 부른 것을 알 수 있다. 〈외로운 가로등〉이 떠난 임을 그리워하면서 홀로 외로워하고 슬퍼하는 노래라면, 다음의 블루스 〈주장(酒場) 한 구석〉은 시적 화자의 슬픔과 외로움이 드러나면서도 그 배경이 '술집'이라 독특하게 다가온다.

술 들고 노래하고 춤도 추건만
구겨진 드레스가 눈물에 젖는다
문을 열고 바라보면 비 오는 항구
어느 누구 내 마음을 시원히 알아주나

하룻밤 흥분 속에 사랑을 엮어
밤새면 부두에서 풀어서 버리자
울면서도 웃어 보는 술집 가시나
어느 누가 내 속을 알뜰히 알아주나

지친 몸 취한 마음 밤은 깊었고
외로운 카운터에 불빛이 흐리다
한 편 구석 테이블 아래 시드는 하소

어느 누가 내 정을 똑똑히 알아주나

〈주장 한 구석〉(이부풍 작사, 전수린 작곡, 황금심 노래, 빅타 KJ1333, 1939년)

〈주장 한 구석〉의 배경은 비 오는 항구가 바라다 뵈는 바닷가의 어느 술집이다. 그리고 2절의 '술집 가시나'라는 표현에서 알 수 있듯이, 노래 속의 화자는 화류계의 여성이다. 여자는 술집에서 "술 들고 노래하고 춤을 추는" 여성인 것이다. 하지만 자신의 마음과 정을 알아주는 사람이 없기에 여성은 외롭고도 슬프다. 그 때문에 여성에게는 '시드는 하소'만 쌓여가는 것이다. 황금심은 이 노래를 가성과 진성을 오가면서 때로는 강하게, 때로는 부드럽게 부르며 블루지한 느낌을 표현했다.

〈외로운 가로등〉과 〈주장 한 구석〉이 블루스라면, 〈지는 석양 어이 하리〉, 〈한양은 천리원정〉, 〈왜 못 오시나〉, 〈청치마 홍치마〉, 〈꿈꾸는 시절〉, 〈이별 넋두리〉, 〈날 다려가소〉, 〈울산 큰 애기〉 등은 황금심이 부른 신민요이다. 신민요는 말 그래도 새로운 민요라는 뜻으로, 기존의 민요를 대중가요화한 노래이다. 유행가(트로트), 재즈송, 만요와 함께 신민요는 일제강점기 대중가요의 한 갈래였고, 자생적인 대중가요로 적극적인 의미를 부여할 수 있는 갈래이기도 하다.

비록 전통가요를 대중가요화하는 과정에서 신민요의 전통 음악적인 요소가 상당히 탈각되는 경우도 많았으나, 그 원천이 전통가요였던 것만은 사실이다. 그 때문에 신민요의 존재는 참으로 중요하다고 할 수 있다. 실제로 당대인들도 상대적으로 '조선 냄새'가 더 나는 신민요에 열광했고, 그로 인해 1930년대 중반에 신민요가 상당한 인기를 얻었다. 그러면서 기생 출신의 가수를 위시한 많은 가수들이 신민요를 불렀고, 황금심도 예외는 아니었던 것이다.

한양은 천리원정 가는 임을 잡지마소
오다가다 만난 사람 맘을 주지 말았어야
에헤야 데헤야 가는 임 붙들고 울어볼까
손수건 흔들며 울어볼까

한양은 천리원정 길이 멀다 말을 마소
정든 사람 그리우면 하룻밤에 만난다네
에헤야 데헤야 가는 임 붙들고 울어볼까
손수건 흔들며 울어볼까

한양은 머나먼 길 걸어가면 발병나네
못 갈 길을 떠나가면 궂은비가 나린다오

에헤야 데헤야 가는 임 붙들고 울어볼까

손수건 흔들며 울어볼까

〈한양은 천리원정〉(조명암 작사, 이면상 작곡, 황금심 노래, 빅타
KJ1132B, 1938)

신민요는 유행가와 비교할 때, 상대적으로 노랫말의 소재
가 향토적인 것이 많다. 당시 한양 대신에 경성 내지는 서울
을 사용할 수 있음에도 불구하고 굳이 서울 지역의 옛 지명인
'한양'을 제목과 노랫말에 사용한 것에서도 이러한 사실을
확인할 수 있다. 노랫말은 전체적으로 〈아리랑〉처럼 떠나는
임에 대한 야속한 마음과 원망을 담고 있다. 그리고 당시 신
민요와 유행가의 큰 차이점은 '후렴'의 사용 여부라 할 수 있
다. 신민요에서는 전통가요에서 흔히 볼 수 있는 후렴을 그
대로 차용하거나 일부 변화를 주어 사용하는 것이다. 〈한양
은 천리원정〉에서 '에헤야 데헤야'가 바로 그러한 예이다.

이는 간혹 전통 민요로 인식하고 있는 〈울산 큰 애기〉에서
확인할 수 있다.

동해나 울산은 잣나무 그늘 경치도 좋지만 인심이 좋구요

큰 애기 마음은 열두 폭 치마 실백잣 얹어서 전복쌈일세

에헤에 에헤라 울산은 좋기도 하지

울산의 큰 애기 거동 좀 보소 임 오실 문전에 쌍초롱 걸고요
삽살개 재놓고 문밖에 서서 이제나 저제나 기다린다네
에헤에 울산의 큰 애긴 곱기도 하지

동해나 울산의 큰 애기들은 유정도 하지만 알뜰도 하지요
하룻밤 정든 임 이별이 서러워 뒷동산 벽오동 두견이라네
에헤에 에헤라 울산은 좋기도 하지

〈울산 큰 애기〉(고마부 작사, 이면상 작곡, 황금심 노래, 빅타 49511,
1943)

필자는 초등학교 시절 합창부였다. 그때 '맑고 고운 노래
부르기' 대회가 있었고, 그 대회에 나가기 위해 연습했던 곡
중의 하나가 바로 〈울산 아가씨〉였다. 그때는 그저 민요인지
알고 열심히 연습했던 기억이 난다. 그리고 아주 오랜 시간
이 흐른 뒤, 〈울산아가씨〉의 원곡이 황금심이 부른 〈울산 큰
애기〉이고, 단순한 민요가 아니라 작사자와 작곡자가 존재하
는 신민요라는 것을 알게 되었다. 요컨대 〈울산 큰 애기〉는
오늘날 단순한 민요로 인식할 정도로 히트한 신민요 중의 하
나인 것이다.

일제강점기 신민요 중 가사에 '충족 의식'을 드러낸 노래
들은 크게 세 가지로 나눌 수 있다. '풍년 맞이', '봄맞이', '국

토 예찬'이 그것이다.[9] 〈울산 큰 애기〉는 '국토 예찬'을 주제로 한 노래이며, 그 중 '울산'이라는 특정 지역을 예찬한 노래라고 할 수 있다. 트로트 중에서 〈목포의 눈물〉(문일석 작사, 손목인 작곡, 이난영 노래, 오케 1795A, 1935)이 특정 지역을 주제로 한 노래로 성공을 한 것처럼 〈울산 큰 애기〉도 신민요 중에서 특정 지역을 주제로 한 노래로 히트를 했다고 볼 수 있다.

〈울산 큰 애기〉는 울산에 대한 예찬을 넘어서 울산 큰 애기, 즉 울산 아가씨에 대한 예찬을 담고 있다. 그래서 "울산은 좋기도 하지"에서 "울산의 큰 애긴 곱기도 하지"로 넘어가는 것이다. 그리고 황금심은 이 노래를 진성과 가성을 넘나들고 '꺾기'와 '흔들기'를 사용하면서 맛깔스럽게 부른다.

7 피난 중에 헤어졌다 만나다

  1945년 9월 초, '백조위문대(남해위문대)'에서 '백조가극단'으로 이름을 바꾼 전옥의 흥행단체는 해방 후 처음으로 인천의 애관 극장에서 무대의 막을 올렸다. 이때 고복수와 황금심 부부는 한복을 입고 일제 말에 우리말로 마음껏 부를 수 없었던 〈풍년송〉을 불렀는데, 고복수는 장구를 치고 아내인 황금심은 꽹과리를 치며 조국의 해방을 경축했다.

  그 무렵 고복수는 가수 생활 15주년을 맞아 기념 공연을 가지려 했으나, 자금난에 부딪쳤고, 그 때문에 돈을 마련하기 위해 동분서주하였다. 그런 와중에 고복수가 가수되는 것을 그토록 반대했던 고복수의 아버지가 "정상적인 생활을 하기 바란다"는 내용의 편지와 함께 4만 5천 원을 송금했다고 한다. 하지만 아버지는 고복수의 15주년 기념 공연 도중에 세상을 떠났다.

  그런가 하면 조국이 해방된 기쁨을 맘껏 누려볼 새도 없이

백조가극단 광고(『동아일보』 1950년
2월 23일)

백조가극단 광고(『동아일보』 1950년 6월
19일)

1950년 6월 25일 북한이 전쟁을 일으켰다. 남과 북으로 나뉜
채, 민족 간의 피 흘리는 비극적인 전쟁이 시작된 것이다. 고
영준 선생님의 증언에 따르면, 북한의 김일성이 고복수를 납
치해 오라고 했다고 한다. 실제로 전쟁이 일어나고 동료 가
수였던 계수남이 빨간 완장을 차고 나타났다. 〈울리는 백일
홍〉이라는 노래로 1940년에 데뷔한 계수남(본명 정덕희: 1920-
2004)은 한국전쟁이 터지고 서울이 함락되자, 미처 피난을 가
지 못한 채 북한군에게 사로잡혔다. 북한군은 악극계에서 명
성이 높던 계수남에게 가극동맹이라는 좌익예술단체의 중책

을 맡겼다.

좌익예술단체에 소속되었던 계수남은 고복수와 황금심을 찾아왔다. 그리고 "고동무!", "황동무!" 하면서 그들을 북으로 데리고 가려 했다. 고복수와 황금심을 모두 끌고 가려는 것을 고복수가 계수남에게 황금심은 임신 중이니 보내주라고 부탁했다. 황금심은 떡장수로 변신해서 피난을 가고, 고복수와 그의 동생 고재천은 북한으로 끌려갔다. 끌려가면서 인기가수 고복수 덕분에 그 주위 사람들은 잘 얻어먹었다고도 한다.

그렇게 북한으로 가다가 원산[10] 쯤 왔을 때, 고복수의 동생이 "형은 살아야 한다"며 고복수를 웅덩이에 밀어서 빠뜨렸다. 웅덩이에 숨었다가 나와서 군인을 만난 고복수는 군인들이 "암호!" 하면서 암호를 대라고 하자, 자신의 대표곡이자 당시 만인의 애창곡이었던 "타향살이!"라고 외쳐서 살아났다고도 한다. 그렇게 고복수는 돌아올 수 있었다. 그 후 그는 육군정훈공작대에 지원하여 군위문연예대원으로 활약했다.

한편 계수남은 서울 수복 후, 북한군에게 협력했다는 이유로 1950년 12월에 사형선고까지 받았다. 그 후, 계수남은 사형에서 무기징역으로, 이후 만 7년 가까이를 복역한 후, 동료들의 증언 등에 힘입어 감옥에서 나올 수 있었다. 석방된 뒤에는 공연 무대에도 서고, 1963년에는 '계수남가요학원'을 열어 후진 양성에 힘쓰기도 했다. 2004년에 운명하였으며, 향년 84세였다.

다시 고복수의 이야기로 돌아와서, 천신만고 끝에 살아난 고복수는 피난지에서 열심히 공연하였다. 어느 날, 고복수가 공연을 하는데 여동생(고귀현)이 서울에서 왔다가 공연 중인 고복수를 보기 위해 공연장에 들어가려 했다. 자신이 고복수의 여동생이라고 했지만 믿어주지 않았고, 여러 번 이야기하고 고복수가 확인을 해 준 후에야 고복수의 여동생은 공연장에 들어가서 공연을 볼 수 있었다. 공연 막바지에 고복수는 직접 마이크에 대고 자신의 여동생에게 가지 말고 있으라고 했다. 공연 후, 고복수는 돈을 광목천으로 싸서 여동생에게 묶어주며 중간에 어디 들르지 말고 곧장 집으로 가라 했다.

고복수에게는 누나와 남동생, 그리고 여동생이 있었다. 고복수를 가졌을 때, 고복수 어머니의 꿈에 크고 긴 흰 수염의 할아버지가 나와서 어머니께 큰 나팔을 주었다고 한다. 그러면서 "우렁찬 목소리로 이름을 떨칠 것이다"고 했다 한다. 태몽 덕분인지 고복수는 광복 이전에 인기 가수로 이름을 떨쳤고 마찬가지로 가수인 황금심을 만나 부부 가수로 활동했던 것이다.

8 〈삼다도 소식〉이 크게 인기를 얻다

　다시 황금심의 이야기로 돌아와서, 휴전 협정 체결 뒤 피난민이 임시 수도였던 부산에서 서울로 속속 돌아왔다. 그 속에서 황금심은 〈삼다도 소식〉을 히트시켰다. 환도 후, 몇몇 레코드 회사가 창립되었는데, 그 중 부산에서 손영준과 김홍산이 차린 스타레코드가 맨 처음 판매를 개시했다. 김홍산은 해방 전 오케레코드 전속 C.M.C악단에서 기타를 연주하다 해방과 더불어 '제물포악기점'을 차려 성공해서 자본을 마련했다. 그리고 일찍부터 클라리넷 연주자로 활약했던 손영준은 말솜씨가 뛰어나 광범위하게 사람들과 교제했다. 그는 부산 방송국 스튜디오를 빌려 당시로서는 희귀했던 마그네틱 테이프를 사용해 녹음한 뒤, 그것을 일본으로 가지고 가서 품질 좋은 SP레코드로 만들어 오곤 했다.

　1954년 7월 4일자 신문 광고에 따르면, 스타레코드는 제1회 신보에서 해군정훈음악대의 〈애국가〉(안익태 작곡), 이관

옥, 사상필 합창단의 〈승리의 노래〉(이선근 작사, 권태호 작곡),
신세영의 〈날려라 해병대기〉(손석우 작사, 손목인 작곡, KB3002)와
〈바로 그날 밤〉(유호 작사, 박시춘 작곡, KB3003), 황금심의 〈삼다
도 소식〉(유호 작사, 박시춘 작곡, KB3002), 이예성의 〈전선소야
곡〉(호동아 작사, 손목인 작곡, KB3001), 박단마의 〈슈샨 보이〉(이서
구 작사, 손목인 작곡, KB3001), 신카나리아의 〈승리 부기〉(유호 작
사, 박시춘 작곡, KB3003) 등 약 8곡을 발매했다.

　박시춘이 피난지 제주도에서 작곡한 〈삼다도 소식〉(유호 작
사, 박시춘 작곡, 스타 KB3002, 1954년)은 오리엔트레코드에서 황정
자의 노래로 먼저 나왔으나 황금심이 불러 본격적으로 알려
졌다. 이어서 황금심이 발표한 〈뽕 따러 가세〉(나화랑 작곡)도
크게 유행했다. 그런데 〈삼다도 소식〉을 보면 오늘날 우리가
트로트라고 칭하는 노래가 향토적인 내용과 만나면서 트로
트가 전통가요로 자리잡아가는 과정을 엿볼 수 있다.

　　삼다도라 제주에는 돌멩이도 흔한데
　　발 뿌리에 걷어채는 사랑은 없다더냐
　　달빛이 새여 드는 연자방앗간
　　밤새여 들려오는 콧노래가 서럽구나
　　웅 콧노래 서럽구나

삼다도라 제주에는 아가씨도 많은데

바닷물에 씻은 살결 옥같이 귀엽구나

미역을 따오리까 소라를 딸까

비바리 하소연이 물결 속에 꺼져간다

응 물결에 꺼져가네

〈삼다도(삼다도 소식)〉(유호 작사, 박시춘 작곡, 황금심 노래, 스타
KB3002, 1954)

〈삼다도 소식〉은 주지하다시피, 제주도를 배경으로 하고
있다. 제주도 모슬포에는 육군 제1훈련소가 있었고, 이곳은
군예대(軍藝隊)의 집결지이기도 했다. 훈련소 전속 악단인 군
예대에서는 군예대장을 맡은 박시춘을 위시하여, 유호, 구봉
서, 금사향, 신카나리아, 남인수, 김봉명 등의 연예인들이 함
께 했다. 금사향 선생님의 증언에 따르면, '위문 공연 도중에
자신이 죽더라도 국가로부터 어떤 보상도 받지 않겠다'는,
이른바 '먹물 도장'을 찍고 최전방의 위문 공연은 물론 많은
곳으로 위문 공연을 다녔다고 한다. 또한 북으로 끌려가다가
구사일생으로 살아난 신카나리아의 증언에 따르면, 트럭을
타고 이동을 했는데, 길이 안 좋아 먼지를 뒤집어쓰기 일쑤였
고, 목적지에 도착하면 먼지 때문에 하얗게 변해버린 서로의
눈썹과 머리를 보며 웃기도 했었다고 한다.

군예대는 우리 군의 사기를 진작시키기 위해 여러 곳으로 위문 공연을 다녔는데, 유호 작사, 박시춘 작곡으로 발매된 〈삼다도〉는 바로 이러한 제주도를 배경으로 해서 두 사람이 의기 투합하여 만든 곡이다. 그런데 이 노래는 제주도라는 구체적인 지역을 들어 향토적인 내용을 다소 낭만적으로 묘사하고 있다. 광복 이전의 트로트는 주로 세태를 반영하는 가사로 이루어졌었다. 방랑의식을 드러내거나 고향을 그리워하는 내용의 트로트는 당시의 시대 상황과 무관하지 않은 것이다. 반면에 광복 이전의 신민요는 세태를 반영하기보다는 향토적인 소재를 낙관적이고도 긍정적으로 그려내는 측면이 많았다.

그러던 것이 광복 이후에는 트로트가 향토적인 소재를 낙관적이고도 긍정적으로 그려내기 시작한다. 즉 음악적으로는 트로트이되, 그 가사는 신민요가 주로 담당했던 향토적인 소재를 차용하고 있는 것이다. 다만 신민요가 기존의 민요에서 후렴 등을 적극적으로 차용한 것과 달리, 광복 이후 트로트에서는 향토적인 소재를 사용하되, 민요에 종종 볼 수 있는 후렴 등의 형식적인 요소까지 계승하지는 않았다. 그렇더라도 트로트가 이러한 향토적인 소재를 사용하면서 사람들은 트로트를 일종의 전통가요로 인식하기도 하였다. 의도와 상관없이 트로트는 향토적인 소재를 차용하면서 토착화에 성공한 것이다.

그리고 이를 〈삼다도 소식〉에서도 확인할 수 있다. '신민요'라고도 하지만 음악적으로 볼 때, 〈삼다도 소식〉은 트로트에 가깝다. 2/4박자, D장조에 트로트 리듬으로 이루어져 있는 것이다. 보통 트로트라고 하면, 4음(C장조 기준으로 '파')과 7음(C장조 기준으로 '시')이 빠진 5음계로 이루어져 있다. 하지만 〈삼다도 소식〉에서 '달빛이 새여드는'이 '파파파 파파파 파도'(C장조 기준)로 '4음'을 사용하였다. 그런데 오히려 예측하지 못한 '파'가 출현하여 〈삼다도 소식〉을 특이하면서도 매력적으로 만들고 있다. 이 부분이 〈삼다도 소식〉을 개성적으로 만든 것이다. 이러한 음악적인 묘미가 〈삼다도 소식〉이 인기를 얻는데 일조했다고도 볼 수 있다.

9 〈장희빈〉과 황금심의 1960년대 대표곡

황금심의 노래 중 〈장희빈〉(이서구 작사, 전오승 작곡)은 1960 년대 황금심의 새로운 절정기를 이끌었던 일등공신일 것이다. 〈장희빈〉은 1961년에 방송된 라디오 드라마 〈장희빈〉의 주제가였다. 이서구가 대본을 쓰고 박동근이 연출, 홍두표가 효과를 맡았던 장희빈은 당시 상당한 인기를 얻었다. 우리나라 최초의 장희빈 역할을 맡은 고은정, 숙정 역에 오정한을 비롯하여, 김소원, 정애란, 백성의, 박순옥, 이혜경, 장서일, 이춘사, 신원균, 심영식, 남일우, 옥경희, 이광자, 오승룡 등의 성우가 모두 출연했다.

드라마가 방영하는 시간에는 길에 사람이 없을 정도로 〈장희빈〉의 인기가 대단했다. 〈장희빈〉에서 장희빈 역을 맡은 고은정은 당시 라디오 드라마 〈장희빈〉의 인기가 어느 정도였는지를 다음과 같이 들려준다. 즉 〈장희빈〉을 녹음할 당시, 어느 날 목욕탕에 갔는데 사람들이 모두 뛰어나갔다는 것

드라마 〈장희빈〉 녹음 장면(출처는 http://blog.daum.net/jc21th/17780709)

이다. 불이난 줄 알고 따라 나갔더니, 사람들이 모두 카운터에 있는 라디오 앞에 앉아 〈장희빈〉을 듣고 있었다고 한다. 자신이 장희빈의 목소리를 낸 성우인지도 모른 채, 사람들이 라디오를 들으며, 장희빈을 가리켜 "아유! 저 여우!" 하는 소리에 혼자 웃었다는 것이다.

그런데 라디오 드라마 〈장희빈〉 못지않게 인기를 얻었던 것이 바로 황금심이 부른 주제가 〈장희빈〉이었다. 경기소리로 유명한 이춘희 명창마저 자신이 10대 때, 황금심이 부른 〈장희빈〉에 푹 빠져서 드라마 앞뒤로 나오는 그 노래를 듣기 위해 라디오를 끼고 살았고, 노래가 너무 좋은 나머지 자신이 직접 노래를 부르고 싶다는 열망마저 갖게 되었다고 회고했다. 실제로 『경향신문』 1962년 3월 4일자에는 "복고조(復古調)의 가요곡을 찾는 이들과 젊은이들에게 모두 인기가 있는 것으로는 황금심의 〈장희빈〉이 있다"고 적고 있다.

구중궁궐 긴 마루에 하염없이 눈물짓는 장희빈아
임 고이던 그 날 밤이 차마 그려 치마폭에 목메는가

대전마마 뫼시던 날에 칠보단장 화사하던 장희빈아
버림받는 푸른 한에 흐느껴서 화관마저 떨리는가
〈장희빈〉(HLKA 연속극 주제가)(이서구 작사, 전오승 작곡, 황금심 노
래, 신신 S632, 1961)

위에 제시한 〈장희빈〉은 라디오 드라마 〈장희빈〉과 더불
어 당시에 엄청난 인기를 얻었던 노래 〈장희빈〉의 가사이다.
드라마 〈장희빈〉의 한 장면을 묘사한 듯한 가사인데, 노래를
들어 보면, 창법이 조선 시대 정가(正歌)의 창법을 떠올리게
한다. 다른 노래의 가사에 비해 〈장희빈〉의 노랫말은 상대적
으로 적은 편이다. 그런데 이는 한 음을 길게 끌어주기 때문
에 나타난 현상이기도 하다. 실제로 구절이 끝나는 '궐', '에',
'이'와 같은 음을 길게 끌어주는데, 이를 단순히 길게 끄는 것
이 아니라 비음과 '꺾기'를 적절하게 사용하면서 노래에 재
미를 더해준다. 여기에 소리의 강약이 더해지고 진성과 가성
을 혼합하면서 황금심만의 〈장희빈〉으로 만든 것이다.

고영준 선생님의 증언에 따르면, 어머니 황금심이 노래하면서 '아'를 소리 낼 때도 단순히 '아'가 아니라 무려 대여섯 번의 변화를 주었다고 한다. 실제로 황금심의 노래를 들어보면, 음 하나 하나 허투루 부르는 것이 없다는 것을 알게 된다. '아'를 내어도 그 '아'가 커졌다 작아졌다, 흔들다 꺾었다를 반복하면서 변화무쌍하게 전개되는 것이다. 황금심이 부른 〈장희빈〉에서도 이를 확인할 수 있다.

황금심의 후배가수였던 나훈아도 황금심의 그러한 창법에 감탄하였고 그 때문에 황금심을 존경하기까지 했다 한다. 요컨대 〈장희빈〉은 황금심의 창법이 지닌 묘미를 십분 발휘한 노래라 할 수 있다. 간혹 노래에 기교를 너무 많이 부리면 노래 자체가 자칫 가벼워질 수 있는 것과 달리, 황금심의 창법은 기교가 노래의 맛과 깊이를 더해주기에 당대 많은 이들의 사랑을 받았다고 볼 수 있다.

황금심은 1960년대 들어 이화자, 선우일선, 이은파, 장세정 등 일제강점기에 주로 활동하다가 일찍 세상을 떴거나 활동을 그만 둔 선배 가수들의 작품을 리메이크한 앨범으로 호평을 받았다. 〈장희빈〉 외에 1960년대 황금심이 부른 노래는 다음과 같다. 〈금은 싸락비가 온다〉, 〈당신은 무정해요〉, 〈성화가 났네〉, 〈어머니는 안 울련다〉, 〈여인부르스〉, 〈신몽금포타령〉, 〈양산도 맘보〉, 〈삼거리 맘보〉, 〈소원〉, 〈신이별

이화자 노래를 부른 황금심

장세정 노래를 부른 황금심

가〉, 〈금순의 노래〉, 〈여자의 일생〉, 〈이별가〉, 〈너 하나만 믿고 산다〉, 〈요 맹꽁아〉, 〈피리 불던 모녀 고개〉, 〈눈물의 신금단〉 등이 있다.

이 중에서 〈눈물의 신금단〉은 실화를 담고 있어 주목할 만한 노래이다. 1964년, 남북으로 헤어져 살던 남측의 아버지 신문준 씨와 북한 육상 대표로 도쿄 올림픽에 참가했던 딸 신금단 선수가 14년 만에 극적인 만남을 가졌다. 당국의 협의 없이 이루어진 만남이었던지라 10분이 안 되는 짧은 만남이었으나, 이 부녀의 상봉은 전 세계에 남북 분단의 비극을 알리는 계기가 되기도 했다. 부녀의 만남을 안타깝게 지켜보던 우리 국민들도 눈물을 흘렸다. 그리고 이를 노래로 만든 것이 바로 〈눈물의 신금단〉이다. 황금심이 부른 〈눈물의 신금단〉 외에 오기택과 최숙자가 함께 부른 〈눈물의 십분 간〉도 '신문준 · 신금단 부녀의 상봉'을 노래하였다.

금단아 금단아 소리치는 아버지 십 사년 만에
이국땅 동경에서 낯서른 땅에서
아버지 그동안 안녕하셨습니까
꿈인가요 생시인가요 하늘도 울고 땅도 울었소

감시의 눈초리 천륜의 그 하소 말도 못하고

〈눈물의 신금단〉 음반 표지

　만나자 이별인가 칠분 간 귓속말
　자유의 품안에 돌아오라 금단아
　너도나도 울었다네 하늘도 울고 땅도 울었소
　〈눈물의 신금단〉(한복남 작사, 한복남 작곡, 황금심 노래, 1964)

　〈눈물의 신금단〉을 작사하고 작곡한 한복남은 '도미도 레
코드'를 창설했고, 〈빈대떡 신사〉를 불러 유명했던 그 분이
다. 〈눈물의 신금단〉은 "금단아 금단아"라고 울부짖는 아버

지의 목소리와 "아버지 아버지"하며 눈물겹게 아버지를 부르는 딸의 목소리로 노래가 시작한다. 그리고 〈눈물의 신금단〉에서 황금심은 시종일관 울음 섞인 목소리로 노래의 비극성을 강화시키고 있다. 이어서 실화를 바탕으로 신금단과 아버지 신문준의 상봉 내용을 사실 그대로 읊고 있다. 그 사연에 가슴 아파하던 당대인은 〈눈물의 신금단〉에 많은 호응을 보여 주었다.

10 고복수의 은퇴 공연, 그 후

1965년 6월, '한일회담'이 15년 만에 타결을 본 후로 한국의 연예인들이 교포 위문단을 조직해서 대거 위문 공연에 나섰다. 국교가 정상화되기 전에는 장세정이 자주 일본에서 원맨쇼를 하기도 했는데, 1970년대까지 고복수, 황금심, 김정구, 장세정, 현인, 고운봉 등 원로 가수들은 물론 일선에서 활약하는 많은 가수들이 위문 공연에 참가했다. 고복수와 황금심은 부부가수로 1970년대까지 활발하게 활동했던 것이다.

고복수와 황금심은 전형적인 엄부자모(嚴父慈母)였다. 고복수는 원칙과 예의를 중요하게 여겼다. 그 때문에 고영준 선생님의 남매들은 아버지가 밖에 나가서야 숨을 쉴 수 있을 정도였다고 한다. 한번은 고영준의 누나가 어머니인 황금심에게 '황금심과 고복수의 공연'을 보러 간다고 하고 공연장에 갔으나, 아버지인 고복수에게 걸렸다고 한다. 고복수는 자신의 딸을 사람들이 많이 지나다니는 매표소 앞에서 손들고 있게 했다. 사춘기 소녀에게는 가혹한 일이었으나, 그만큼 고복수는 자식들에게건 타인들에게건 원칙을 지키기 위해 노력했다.

또한 아들인 고영준 선생님은 친구 집에 갈 때도 군대식으로 아버지께 경례를 부치고, "아버지께 용무 있어 왔습니다. 친구 집에 갔다가 ○○시까지 돌아오겠습니다."라고 하고 나갔다고 한다. 이처럼 아버지인 고복수가 무척 엄했다면, 어머니 황금심은 그 모든 것을 감싸안을 수 있는 자애로움을 지닌 분이었다. 실제로 우리가 기억하는 황금심의 모습은 한복을 단아하게 입고 있는 모습이다. 가수 현미 씨는 황금심의 목소리를 일러, "백년에 한 번 나올까 말까 한 목소리"라고 한 후, 다소곳하고 차분했던 그녀의 모습을 회고했다. 그리고 1세대 연예부 기자로 활동했던 정홍택 씨도 황금심이 "조용한 성격의 얌전한 한국의 여인"이라 하였다. 이처럼 전형적인 엄부자모(嚴父慈母)의 모습을 고복수와 황금심에게서 찾아볼 수 있다.

1958년 가을, 명동 시공관 무대에서 고복수는 후배 가수들의 도움으로 가수생활 25주년을 기념하는 은퇴공연을 가졌다. 이때, 남인수, 이난영, 신카나리아, 장세정, 백년설 등 가요계 스타 일백 여 명이 출연해서 무대를 떠나는 선배에 대한 극진한 예우을 보여주었다. 그리고 이는 따뜻한 인정의 향연이기도 했다. 고복수는 "가수가 노래를 잃는다는 것은 서글 픈 일이지만 오늘은 임금도 부럽지 않다"며 은퇴공연 무대서 감격하여 눈물을 흘렸다.

한국방송인회 상임부회장을 역임하신 안평선 선생님의 회 고에 따르면, 은퇴공연에서 고복수와 황금심이 한복을 입고 고복수는 장구를, 황금심은 꽹과리를 치며 노래를 불렀다고 한다. 우리가 기억하는 고복수와 황금심의 모습도 그와 다르 지 않다. 한복을 입은 고복수와 황금심이 〈풍년송〉을 부르며 장구와 꽹과리를 들고 있는 모습을 자연스럽게 떠올리는 것 이다.

김용호 작사, 문호월 작곡으로 1938년에 오케 음반회사에 서 발표된 〈풍년송〉은 원래 처음에 고복수와 이은파가 불렀 다. 하지만 고복수가 이 노래를 무대에서 부를 때는 다른 여 가수들과 불렀고, 1939년 일본 공연 당시에는 김정숙이 이은 파 대신 고복수와 부르기도 했다. 고복수의 증언에 따르면, 일제 말 일본 공연 당시 〈풍년송〉을 부를 때, 일제가 이 노래 를 일본말로 부르라고 했다 한다. 하지만 〈풍년송〉을 일본 어로 부르라니 죽을 지경이어서 그쪽 관계자에게 사정을 하 였고, 일제는 한자로 이루어진 부분만 일본말로 발음하라고 양보 아닌 양보를 해주었다. 그래서 고복수는 '풍년(豊年)'을 '호우넹(ほうねん)'으로, '삼천리강산(三千里江山)'은 '상셍리 고

〈알뜰한 당신〉을 부르는 황금심(국립영화제작소 제작, 영화 〈흘러간 옛 노래〉, 1959년

우장(さんせんりこうざん)'으로 바꾸어서 "호우넹이 왔네 호우넹이 왔네, 상셍리 고우장에 호오넹이 왔네"라고 불렀다. 그 바람에 일어도 우리나라말도 아닌, 그래서 교포도 일본 사람도 모두 알아들을 수 없는 노래가 되어 버렸다. 일제 말에 벌어진 웃지 못 할 사건이라 할 수 있다.

어쨌거나 〈풍년송〉은 고복수와 황금심 부부의 대표적인 듀엣곡이 되었다. 그래서 광복 이후에도 고복수가 장구를, 황금심이 꽹과리를 들고 노래했다. 그러나 영상을 보면, 장구와 꽹과리가 실제 연주 목적보다는 소품으로서의 의미를 지닌다는 것을 알 수 있다. 1959년에 나온 〈흘러간 옛 노래〉라는 영상을 통해서도 이를 확인할 수 있다.

고복수는 은퇴 후에 '동화예술학원'을 창설해서 후진 양성에 주력하려 했다. '동화예술학원'은 회현동 동화백화점(현재 신세계백화점)에 있던 곳으로, 〈대전블루스〉를 부른 안정애와 〈동백아가씨〉를 부른 이미자, 그리고 〈영등포의 밤〉을 부른 오기택 등이 이곳에서 노래를 배우기도 했다. 그리고 고복수는 운수 사업에 이어 거금을 투자했던 〈타향살이〉 영화를 제작했다 실패하기도 했다. 천성적으로 착한 그에게 재운은 따르지 않았던 것이다.

이 부분에서 한 가지 짚고 넘어갈 부분이 있다. 인터넷에 떠도는 자료에서는 고복수가 가족의 생계를 위해 서적 외판원으로 나섰다고 적고 있고, 이는 아무 의심 없이 계속 유포되어 지금은 진실인 냥 받아들여지고 있는 실정이다. 하지만 이에 대한 고영준 선생님의 증언은 달랐다.

고영준 선생님이 중학생이었던 시절, 서울 이문동에 살 때였다고 한다. 고복수의 후배가 책장사를 하였는데, 책은 안 팔리고 생활은 어려워지자 고복수에게 도와달라고 했다 한다. 아무래도 인지도 있는 유명인이 도와주면 책장사가 잘 될 것이라는 생각에서였다. 고복수는 여기 저기 전화를 했고, 직접 후배를 데리고 가서 어려운 친구니 도와달라고 부탁까지 했다고 한다. 이 일로 인해 고복수가 책장사를 했다는 루머가 퍼졌다는 것이다. 고복수와 황금심이 이재가 없기는 했지만 굶을 정도는 아니었다고 한다.

하지만 『경향신문』 1994년 4월 10일자에 실린 '고은'의 자전 소설, 〈나의 산하, 나의 삶〉에서, 고은은 신구문화사에서 고복수가 '전후 한국 문제작 전집'과 '전후 세계 문제작 전집'을 팔고 다녔다고 회고했다. 더블 정장과 정장 윗주머니 세모꼴 손수건을 잊지 않았던 고복수는 술을 마시자는 고은의 제안에 "언제 무대에 다시 설지 모르니, 술로 성대(聲帶)나 그 밖의 기능을 상하게 하고 싶지 않다"며, 술 대신 밥을 먹자고 했다 한다. 종씨(宗氏)였던 고복수와 고은은 종종 청계천에서 동태찌개를 먹었고, "우리, 죽어버립시다"는 고은의 말에, 고복수는 "하루에 전집 한 질만 팔려도 하루가 무의미하지 않다"고 했다 한다. 그러면서 아내인 황금심을 "좀 더 행복하게 해주어야 한다"고 했다는 것이다. 자전 소설인지라 어느 정도의 각색이 있겠으나, 고복수의 자존심 세고 고지식하면서도 깨끗한 성격을 엿볼 수 있다.

고복수와 황금심 부부는 인정이 많았다. 형편이 아주 좋았던 것은 아니나 더 어려운 사람들을 도와주는 일에 앞장섰다. 언젠가 고영준 선생님이 세차장에 갔는데, 어떤 사람이 다가와 아는 척을 했다고 한다. 그 사람은 고영준 선생님의 아버지를 기억하면서 이문동에 살지 않았냐고 물었다. 자신이 예전에 이문동에서 고구마와 엿을 팔았는데, 고복수가

"추운데 젊은 사람이 고생한다"며 고구마와 엿을 모두 사주었던 것이다. 그러고 보니, 고영준 선생님은 예전에 아버지가 엿을 잔뜩 사와서 먹었던 기억이 있었다.

또한 고복수는 예의범절을 중시했다. 고복수가 나이가 있어 많은 사람들에게 "자네"라고 불렀으나, 오로지 작곡가 손목인에게만은 "손목인 선생님"이라고 꼭 존칭을 썼다 한다. 고복수가 1912년 임자생이고, 손목인이 1913년생이니, 고복수가 나이가 많았음에도 불구하고 자신에게 좋은 곡을 주었던 작곡자였기에 그를 평생 스승으로 모셨던 것이다. 해방 후, 고복수에게 "손형", "고형"하고 지내자는 손목인의 제안에도 불구하고 고복수는 "한번 스승은 영원한 스승"이라며 "그렇게 못한다"고 했다 하니, 어느 정도로 그가 예의를 중시했는지 알 수 있다.

11 병마에 시달리는
고복수를 대신하여

1960년대 후반, 고복수와 황금심은 재일 한국인 위문 공연을 하고 지난날의 인기곡을 다시 취입한 앨범을 내어 호평을 얻었다. 하지만 고복수가 병마에 시달렸다. 황금심도 1969년에 데뷔 30년 기념 음반을 내어 호평을 얻었지만 남편의 입원비 때문에 쉴 새 없이 일해야 했다. 황금심이 마지막으로 녹음한 것은 1969년 내지 1970년에 발매된 '황금심의 가수 생활 30년 기념 음반'이다. '황금심의 가수 생활 30년 기념 음반'에는 황금심의 노래뿐만 아니라 은방울자매, 이미자, 김세레나, 박가연이 참여해서 황금심의 가수생활 30년을 축하해주었다. 이때 박춘석이 작곡한 곡으로 황금심은 마지막 곡을 녹음했는데, 그 중 한 곡이 〈행화촌 금실이〉다. 이 노래는 황금심을 좋아했던 나훈아가 〈감나무골〉이라는 제목으로 바꿔서 불러 인기를 얻기도 했다.

황금심 30주년 기념음반 표지

　고영준 선생님의 말에 따르면, 원래 〈목포의 눈물〉은 고복수, 〈타향(살이)〉는 이난영이 연습했다고 한다. 그러다가 오케 회사의 이철이 노래를 듣고 둘이 바꿔 부르면 좋겠다고 해서 그렇게 했다고 한다. 하지만 〈타향〉과 〈목포의 눈물〉을 작곡한 손목인의 자서전 어디에도 그와 관련된 이야기는 찾을 수 없다. 현재로서는 오히려 손목인의 자서전에 따르면 애초부터 〈타향〉은 고복수에게, 〈목포의 눈물〉은 이난영에게 부르게 할 요량이었던 것으로 보이기도 한다.[11]

　어쨌거나 두 노래 모두 일제강점기의 대표적인 노래로 당대는 물론 이후 시기까지 애창되었다. 그리고 주지하다시피, 두 노래 모두 일제강점기의 대표적인 노래로 당대는 물로 이후 시기까지 애창되었다.

1969년 재일교포 위문을 마치고 황금심이 데뷔 삼십 주년 기념 음반을 낸 후, 그 수입으로 생활을 꾸려갈 즈음, 고복수에게 병마가 찾아왔다. 황금심은 남편을 대신해서 돈을 벌어야 했다. 그녀는 주로 극장에서 노래했다. 이후에 극장쇼가 없어지면서 '비어홀' 같은 곳에서 노래했다. 돈을 많이 벌어도 돈을 주위 사람들에게 아낌없이 주는 모습을 보며, 어떤 분이 아드님에게 "그러지 못하게 하시라"고 조언까지 하였으나, 황금심은 돈에 대한 욕심이 거의 없었다고 한다. 모아두었던 돈은 남편 고복수의 치료비로 쓰곤 하였다. 주위에서는 번 돈을 병원비로 모두 쓰는 것을 말렸지만 황금심은 "자식보다 남편이 먼저"라며 치료비에 돈을 쓰는 일을 주저하지 않았다.

고영준 선생님 말씀에 따르면, 1970년 '일본 엑스포 70'에 고복수와 황금심이 함께 가려 했으나, 고복수가 아파서 가지 못하고 황금심 혼자 다녀왔다고 한다. 황금심은 일 년 동안 공연해서 벌어온 돈으로 무교동에 있는 빌딩을 계약했다가, 이마저도 고복수의 병원비로 모두 사용했다고 한다. 이를 통해 남편이자 선배, 그리고 스승이었던 고복수에 대한 황금심의 헌신이 어느 정도였는지를 짐작할 수 있다.

고복수와 황금심은 깨끗하고 깔끔한 성격의 소유자였다. 그들이 지닌 검소하고도 깔끔한 성격을 보여주는 일화가 있다. 일제강점기 종로 상권의 보루였던 화신백화점의 박흥식 회장이 두 사람을 식사에 초대했다고 한다. 두 사람의 노래를 무척 좋아했던 박흥식은 백화점에 있는 것을 선물로 주려했다. 사실 황금심은 패물이 눈에 들어왔다. 그래서 보석상에 가서 반지를 보고 있으려니, 고복수가 그런 황금심을 만류했다. 그리고서는 제일 싼 포목점에서 커튼 천을 받아왔던 것이다.

이후에도 마찬가지였다. 삼성의 고(故) 이병철 회장이 두 사람을 초청해서 갖고 싶은 것이 있으면 말하라고 했다. 이때도 고복수는 양복 기지만 두 벌 받아왔다고 한다. 그들이 얼마나 자존심이 세고 깨끗한 성격의 소유자였는지를 알 수 있다. 두 사람은 집에서만 부부로 지냈고, 밖에서 황금심은 고복수를 늘 '고선생님'이라 불렀고, 고복수는 황금심을 '내자(內子)' 내지는 '영희 엄마'라 불렀다.

12 억척스런 어머니이자 가수로

　1972년 2월 10일 회갑을 맞은 고복수는 결국 지병인 식도 암과 고혈압으로 연세대 의료원에서 운명하였다. 고복수가 병원에 입원했던 8개월 동안의 입원비와 치료비를 대기 위해 동료 가수들이 모금 캠페인을 벌이기도 했다. 마침 황금심이 가수협회에 들렀을 때, 고복수가 운명하였고 임종을 지키지 못했다는 사실에 황금심은 충격을 받아 졸도를 하기도 했다. 약 30년을 남편인 고복수와 금실 좋게 살아온 황금심에게 고 복수의 죽음은 세상을 잃은 것과 같은 슬픔이었다.

　고복수가 운명하고 삼오제를 마친 어느 날, 어떤 남자가 황금심을 찾아왔다. 그는 황금심에게 딸을 취업시켜주겠다 고 했다. 1972년이었던 그 시절, 황금심은 그 남자에게 거금 십만 원을 주었다. 황금심은 그 사람이 가고 나자, "저 사람 은 사기꾼"이라 했다 한다. 그러면서 얼마나 어려우면 삼오 제 끝난 집에까지 왔겠냐며 알고도 모른 척 돈을 주었던 것이

고복수와 황금심

다. 그처럼 인정이 많았던 황금심은 주위 어려운 분들을 많이 도와주었다. 부동산을 사서 재산을 늘리는 일도 전혀 몰랐다고 한다.

고복수의 치료비를 벌기 위해 황금심은 나이트클럽에서 열심히 노래했으나 고복수의 죽음으로 모든 것이 허무하게 무너지고 말았다. 하지만 고복수가 운명한 후에도 황금심은 아이들을 위해 돈을 벌어야 했고, 그래서 계속 노래해야 했다. 어떻게든 삶은 계속 되어야 하니까 말이다. 황금심에게는 5남매가 있었던 것이다.

『동아일보』 1973년 2월 27일자에는 그런 황금심의 마음이 그대로 실려 있다.

"혼자라면 입산이라도 해서 먹고는 살 수 있겠지요. 고복수와 황금심을 아끼던 사람들에게 비참한 꼴만 보여드려 미안하다고 전해주세요. 모든 사람들에게 신세만 졌거든요. 그러나 뛰고 넘어지는 한이 있더라도 열심히 해야겠어요."

황금심은 나이트클럽에서 자신의 노래인 〈알뜰한 당신〉과 고복수의 대표곡인 〈타향(살이)〉을 부르며 재기에 안간힘을 쏟기도 했다.

그렇게 고복수의 빈자리를 대신해서 열심히 일하고 있던 황금심에게 누군가 찾아왔다. 미국에서 사업을 하던 그 사람은 황금심의 팬이라며 황금심에게 한 번 만나자고 하였다. 황금심은 자신의 팬이라는 사람의 요청을 뿌리칠 수 없어 그 사람을 만났다. 조선호텔 커피숍에서 그 사람을 만난 황금심은 그의 이야기를 들었다.

처음에는 황금심의 팬이라고 하던 사업가는 자제분들을 키우려면 경제적으로 어려울 것이라고 하고, 자신도 혼자가 되었다고도 하였다. 맨 처음에는 동병상련(同病相憐)의 아픔을 나누려하나 보다 했으나 이야기는 점점 이상한 방향으로 흘러갔다. 그 사람의 이야기를 듣다가 내용을 대충 짐작한 황금심은 그 사업가의 얼굴에 물 컵에 든 물을 뿌려버렸다. 아무리 경제적으로 어렵고 심적으로 외로워도 황금심은 다른 사람의 도움을 받거나 그 사람에게 마음을 줄 생각이 눈곱만큼도 없었던 것이다. 그러면서 황금심은 말했다. '내 가슴에는 한 분밖에 없어요'라고.

황금심은 깨끗한 마음의 소유자였고, 정이 많은 사람이었다. 한창 때는 황금심이 길을 가면 사람들이 다가와 팬이라며 황금심의 손을 무조건 잡곤 했다. 1970년대 초에도 길에서 만난 많은 이들이 황금심의 손을 잡았다. 연탄 나르는 사람, 생선 파는 분 할 것 없이 그녀의 손을 잡기 위해 다가오곤 했다. 그때마다 황금심은 그들의 손을 따뜻하게 잡아주었다. 때로 어떤 분이 황금심의 손을 잡았다가도 자신의 손이 더럽기도 하고 냄새도 날 것 같아 손을 빼려했다. 그때도 그녀는 "놀고먹는 손이 더러운 거지, 일하는 손은 깨끗한 것"이라며 손을 잡아주었다.

아드님이신 고영준 선생님의 기억 속에 어머니 황금심은 어머니로서도 자애로웠지만 타인에게 따뜻하고도 겸손했던 분으로 남아 있었다. '진정한 가수는 가슴이 따뜻해야 한다'고 한 고영준 선생님의 말처럼 고복수와 황금심 부부는 인성이 바탕이 된 가수가 되기 위해 노력했고, 진실이 담긴 노래를 부르려 했었다.

13 꾀꼬리의 여왕, 황금심은 가고

1980년대 초, 황금심은 수유리에서 민속주점 '타향살이'를 운영했다. 1982년 10월에는 신인가수 전미경이 자신이 존경하는 선배 가수인 황금심의 일생을 노래한 〈들국화〉를 불러 황금심에게 헌정하기도 했다.

거치른 들판에 피는 꽃이라서
비바람에 젖은 그 세월을 어디 비하랴
전설의 넋이 되어 천년을 지켜 살리라
여울진 노을 길에 지는 해를 볼 때야
아 아 이 내 몸은 마음만 남은 나그네여라
산 넘어 가는 세월 그 누가 막아볼건가
거치른 들판에 피는 꽃이라서
비바람에 젖은 그 세월을 어디 비하랴
전설의 넋이 되어 천년을 지켜 살리라

먼 훗날 길손들이 나를 찾아볼 때야

아아 이 내 몸은 시름에 잠든 들국화여라

산 넘어 가는 세월 그 누가 막아볼건가

(장세용 작사, 장세용 작곡, 전미경 노래, 1982년)

황금심의 삶을 '들국화'에 비유한 이 노래는 비장감이 느
껴지는 곡인데, 황금심의 삶을 다소 추상적으로 그리고 있
다. 비록 남편 고복수는 없었지만 황금심은 5남매를 훌륭하
게 키워냈다. 고영희, 고영옥, 고영준, 고영민(본명은 고홍근),
고병준(본명은 고홍선)이 바로 고복수와 황금심의 자제분들
이다.

이 중에서 아들 삼형제가 모두 음악을 했는데, 고영준은 지
금까지 부모님의 대를 이어 가수로 활동하고 있다. 그리고
둘째 아들인 고영민과 그의 아내 손현희는 2013년 현재, 가톨
릭 음악선교단인 '선교세상'을 이끌고 있다. 손현희는 1983
년 강변가요제에서 〈이름없는 새〉로 대상을 받았던 사람이
다. 그리고 그들의 아들인 고태욱은 2012년 MBC '위대한 탄
생3'에 블루스완 팀으로 출천한 바 있다.

고복수와 황금심 부부의 막내아들인 고병준은 음악감독으
로 좋은 작품을 많이 남겼고 2001년 한국방송대상 음악상을
수상하기도 했다. 이어서 그는 2002년에는 SBS 〈여인천하〉,

2003년에는 〈다모〉의 음악감독을 맡기도 했다.

하지만 감각도 좋고 능력도 많았던 고병준 음악감독은 너무 일찍 세상을 뜨고 말았다. SBS 광복 60년 기념 드라마 〈패션 70s〉의 기획 단계에서 작업에 참여했던 고병준은 음악 작업 중이던 2004년 12월, 약혼녀 이근순 씨와 함께 푸켓으로 여행을 갔다가 때마침 남아시아를 휩쓴 쓰나미에 그만 목숨을 잃고 말았다.

한편 고영준은 1991년 6월, KBS 주관으로 러시아 알마아타에서 열린 교포 위문공연 때 아버지 고복수를 대신해서 〈타향살이〉를 불렀다. 그때 러시아 교포들이 모두 노래를 따라 불렀고, 이내 공연장은 눈물바다를 이루었다고 한다. 고영준은 1977년에 첫 음반을 발표했으나, 병역 문제로 활동을 시작한 지 1년도 되지 않아 입대를 하였다. 군 제대 후에는 TBC 전속으로 출연하다 방송국 통폐합으로 활동 무대를 잃기도 했다.

13여 년 동안의 무명생활 동안 아내가 모아놓은 돈으로 3집 앨범을 내고 활동을 다시 시작했으나, 친구에게 돈을 빌려준 것이 잘못 되어 또 다시 어려움 속에 빠졌다. 친구의 빚을 청산하는 데만 4년이나 걸렸는데, 처음 6개월 동안은 친구가 하던 장난감 등을 처분하기 위해 시장을 전전했다. 아들과 남편이 시장을 전전하며 고생하는 모습을 보고 어머니 황금심과 고영준 선생님의 아내는 장난감을 처분하는 동안 남편과 함께 하기도 했다.

그렇게 고생만 하던 아내가 암으로 세상을 떠나고, 3개월 후, 병원에서 며느리가 보고 싶다던 황금심도 운명하였다. 아내가 세상을 뜨고 나서도 한동안 고영준 선생님은 어머니께서 충격을 받을까 싶어 아내의 사망 소식을 어머니인 황금심에게 알리지 못했었다. 하지만 황금심이 죽기 얼마 전, 고영준 선생님은 "며느리가 보고 싶다"는 황금심에게 자신의 아내가 죽었다는 소식을 알릴 수밖에 없었다.

그때 고영준 선생님은 다른 형제는 제쳐두고 오로지 자신의 집에만 있던 어머께 "왜 자신의 집에만 있었냐?"고 여쭈었다. 고영준 선생님의 이모님들까지 세 분의 어른을 모셔야 했던 자신의 죽은 아내가 떠올랐던 것이다. 왠지 아내가 고생만 하다 간 것 같아 미안하고 슬펐던 것이다. 그제서야 며느리의 죽음을 알게 된 어머니 황금심은 "너희들이 편해서 그랬지, 다른 이유가 뭐가 있었겠냐"며 미안해하셨다.

1996년부터 파킨스병을 앓았던 황금심은 2001년에 용인 카톨릭 공원묘지에 안장되었다. 황금심은 진실이 담긴 노래를 불렀던 꾀꼬리의 여왕이며, 자신이 역할을 맡아 연기했던 성춘향처럼 고복수에게 일부종사했다.

이처럼 초창기 대중가요계에 많은 족적을 남긴 스타 가수

부부였던 고복수와 황금심! 그렇게 황금심은 갔어도 노래는 남아 시시때때로 우리를 위로하고 그녀를 기억하게 한다.

14 나오며

누군가의 삶을 있는 그대로 재현하는 일은 얼마나 어렵고도 위험한 일인가? 아무리 자료를 찾아서 끼워 맞춰도 완전하게 맞출 수 없는 퍼즐처럼 그건 애초부터 어려운 일인지도 모른다. 기억이란 또 얼마나 불완전한가? '기억의 오류'에서 우리는 누구도 자유로울 수 없다. 그렇게 애초부터 완벽할 수 없다고 스스로 위로해 보아도 역시나 조심스럽다.

이 책에서는 되도록 황금심과 관련된 사실을 수합하여 보여주려 했다. 만약 다른 사실(?)들이 존재할 때는 그 사실들을 모두 제시하여 오롯한 사실이 결국 드러났을 때를 대비했다. 그럼에도 불구하고 여전히 조심스럽다. 한 사람의 일생을 어찌 한 권의 책으로 다 담아낼 수 있겠는가.

많이 살아오지 않은 나조차도 시시각각 변하고 달라지는 내 마음자리를 보게 된다. 어떤 일에 내가 반응했을 때도 누가 어떤 관점에서 어떻게 보느냐에 따라 이를 달리 보고 달리 판단할 수 있음을 안다. 다만 어떤 상황에서도 중심을 잡을 수 있는 것은 내 의도가 순수하고 떳떳하기 때문이다. '타인은 그 사람의 행동으로 판단하고 자신은 의도로 판단하라' 했던가? 내 의도가 순수하고 정직하다면 떳떳할 수 있는 것이다.

하지만 타인의 의도를 어찌 그리 정확하게 파악해낼 수 있냐 말이다. 그때 우리가 할 수 있는 것은 일차 자료에 의존하는 일이다. 그러다 보니, 이 책의 글이 조금 무미건조하게 느껴질 수 있다. 현란한 문체로 소설처럼 멋진 글을 써 보고 싶기도 했으나 행여 고인과 유족에게 누가 될까 싶어 그럴 수 없었다.

어떤 면에서 필자는 황금심과 인연이 깊다. 2012년 5월에 처음 내었던 첫 번째 디지털 싱글, '근대가요 다시 부르기 1', 〈외로운 가로등〉과 2013년 6월에 유통된 '근대가요 다시 부르기 6, 〈추억의 탱고〉가 모두 황금심의 노래이기 때문이다. 그녀의 노래를 부르기 위해 필자가 가장 먼저 한 것은 그녀의 노래를 듣는 일이었다. 그녀의 노래를 듣고 또 듣고 수없이 들으며 1930년대의 그녀와 조우하는 일은 필자에게 가슴 벅차고 감개무량한 일이었다.

이렇게 황금심의 인생을 되돌아보면서, 가수이자 한 여인

의 삶을 돌아보는 일은 삶의 지혜를 얻는 일이기도 하다. 황
금심의 인생은 어찌 보면 단순하고도 깔끔했다. 노래를 사랑
하고 노래를 부르고 싶었던 한 소녀가 가수가 되었고, 당대
최고의 인기 가수를 만나 사랑을 하고 결혼을 하고 5남매를
낳고 열심히 살았다. 비록 부유하지는 않았으나 겸손함과 따
뜻함을 잃지 않고 자존심을 지키면서 남편이 먼저 간 뒤에도
의연하게 꿋꿋하게 삶을 견뎌냈다. 간혹 연예인에게서 볼 수
있는 스캔들 하나 없이 깨끗하게 알뜰하게 사셨기에 우리에
게 더 귀감이 된다.

수많은 인기 가수들의 삶을 보면서 느끼는 것은 그 누구의
삶도 녹록하지 않다는 사실이다. 아무리 대단하고 특별해 보
여도 우리는 모두 나름대로의 고만고만한 고민과 괴로움을
지닌 채 삶을 살아가는 것이다. 조용하고 차분한 성격의 황
금심은 당신의 노래 제목처럼 그야말로 '알뜰하게' 살다 가
셨다.

되도록 객관적으로 그녀의 삶을 재구하려 했으나 얼마나
제대로 했는지 알 수 없다. 행여 고인의 유족에게 누가 되는
대목은 없는지 조심스러운 것도 사실이다. 혹 사실과 다른
부분이 있다면 그건 전적으로 필자의 책임이다. 앞으로 더
많은 자료가 나오면 보완하고 수정할 것이다. 사람은 가도
노래는 남았다. 자신의 남편이자 평생을 선생님으로 모셨던

고복수와 함께 다정하게 장구치고 꽹과리 치며 노래하고 있
을 황금심의 모습을 떠올려 본다.

황금심 연보

1922년 1월 7일(음력 1921년 12월 10일) 서대문구 영천 출생
1938년 가수 데뷔
1940년 반도악극좌에서 고복수와 〈춘향전〉 공연
1941년 고복수와 결혼
1945년 고복수와 '백조가극단'에서 활동
1960년 아시아 영화제 초대가수 서울 시장상 수상
1961년 라디오 연속극 주제가 〈장희빈〉(이서구 작) 유행
1969년 황금심 데뷔 30주년 기념 음반 발매
1990년 원로 연예인들의 모임인 '상록회' 최고위원
1992년 옥관 문화 훈장 수상
1993년 한국가요창작인 공로대상(〈삼다도 소식〉)
1996년 파킨슨씨병 발생
2001년 7월 30일에 사망

주요 작품 연보

1938년
〈지는 석양 어이 하리〉, 〈알뜰한 당신〉, 〈한양은 천리원정〉, 〈왜 못오시나〉, 〈마음의 항구〉, 〈저도 몰라요〉, 〈미련의 꿈〉, 〈월광연〉, 〈알려 주세요〉, 〈빼앗긴 사랑〉, 〈청치마 홍치마〉, 〈열정무한〉, 〈꿈꾸는 시절〉, 〈여창에 기대어〉, 〈포구의 이별〉

1939년
〈당신입니다〉, 〈울 터이야요〉, 〈안 오시나요〉, 〈이별 넋두리〉, 〈이별 넋두리〉, 〈만포선 천리 길〉, 〈외로운 가로등〉, 〈날 다려 가소〉, 〈보내는 심정〉, 〈입술을 깨물면서〉, 〈주장 한 구석〉, 〈추억의 탱고〉, 〈풋댕기 숙제〉, 〈원망스럽소〉, 〈눈물의 순수건〉

1940년
〈광야에서〉, 〈심청의 노래〉, 〈반달 뜨는 밤〉, 〈여성행로〉, 〈항구의 풋사랑〉, 〈불원천리 내가 왔소〉, 〈섧다 홍녀〉

1941년
〈재 위에 쓰는 글자〉

1943년
〈울산 큰 애기〉

1950년대
〈삼다도 소식〉, 〈가야금 타령〉, 〈물방아 타령〉, 〈그 여자의 인생〉, 〈기러기〉, 〈낙화유정〉, 〈노들강〉, 〈아내의 애가〉, 〈알뜰한 마누라〉, 〈신닐니리야〉, 〈울어라 추풍령〉, 〈노래하는 부부〉(고복수 · 황금심), 〈임이 좋아요〉, 〈동백꽃 피는 섬〉, 〈흘러간 비가〉, 〈사람 팔자 몰라요〉, 〈풍년방아〉,

〈세월아 못 가리〉, 〈뽕 따러 가세〉, 〈자장가〉, 〈한양 낭군〉, 〈제주 비바리〉,
〈정실의 노래〉, 〈꿈속의 어머니〉, 〈압록강아 울어다오〉

1960년대
〈금은 싸락 비가 온다〉, 〈당신은 무정해요〉, 〈성화가 났네〉, 〈어머니
는 안 울련다〉, 〈장희빈〉, 〈여인부르스〉, 〈신몽금포타령〉, 〈양산도 맘
보〉, 〈삼거리 맘보〉, 〈소원〉, 〈신이별가〉, 〈금순의 노래〉, 〈여자의 일생〉,
〈이별가〉, 〈너 하나만 믿고 산다〉, 〈요 맹꽁아〉, 〈피리 불던 모녀 고개〉,
〈눈물의 신금단〉

1970년대
〈아리랑 풍년〉

미주

1) 황금심의 가수 데뷔 과정과 이중 계약 문제에 대한 박찬호의 기술은 박찬호, 『한국가요사』 1, 미지북스, 2009, 371-377쪽을 참고했다.

2) 박찬호는 자신의 책에서 '서울 청진동 여관'에서 매력적인 소녀의 노랫소리가 들려왔다고 기술했다. 그런가 하면 『가요반세기』(한국문화방송주식회사 편, 성음사, 1980, 32쪽)에는 '서울 청진동 어느 여염집'이라 적혀 있다. 아울러 고복수는 자신의 책에서 황금심의 부모님이 청진동에서 '일광여관'을 경영하고 있었다고 기술했다.

3) 고복수, 『남기고 싶은 이야기들 시리즈―가요계 이면사―』, 조인스닷컴, 2004, 47쪽.

4) 황금심의 계약 문제와 관련된 박노홍의 회고는 김의경 · 유인경 편, 『박노홍 전집』 5, 연극과 인간, 2008, 154-155쪽을 참고하였다.

5) 부민관은 경성부(京城府)가 1935년에 서울시 중구 태평로 1가에 건립한 부립 극장이다. 지하 1층, 지상 3층으로 이루어진 근대식 다목적 회관이었던 부민관에서 연극 · 음악 · 무용 · 영화 등을 볼 수 있었다. 광복 이후, 폭파되었던 부민관은 1949년부터 서울시 소유가 되었고 1950년 4월 29일 국립극단이 창단되면서 국립극장으로 지정되었다. 1950년 서울 수복 후 국회의사당으로 사용되다가 1975년에 여의도 국회의사당이 준공되면서 시민회관으로, 1976년 세종문화회관 건립과 동시에 그 별관으로 이용되었고, 지방자치제 실시에 따라 1991년부터 서울시 의회 의사당으로 사용되고 있다.

6) 고복수는 빅타가극단(반도악극좌)의 연출을 정태삼이 맡은 것으로 기억하였다.(고복수, 앞의 책, 51쪽)

7) 전통가요에 나타나는 '부재(不在)한 임'과 '시적 화자의 수동성과 과거 지향성'은 김대행, 『한국시의 전통 연구』, 개문사, 1980을 참고할 수 있고, '떠난 임을 그리워하는 전통적이고도 전형적인 여성'에 대한 논의는 김준오, 『현대시의 해부』, 새미, 2009, 364-373쪽을 참고할 수 있다.

8) 〈외로운 가로등〉의 비화에 대한 작사자 정두수의 회고는 『동아일보』

1992년 6월 6일자에 실려 있다.

9) 일제강점기 신민요의 노랫말에 대해서는 장유정, 『오빠는 풍각쟁이야-대중가요로 본 근대의 풍경』, 민음in, 2006, 244-275쪽을 참고할 수 있다.

10) 다른 자료에서는 고복수가 북한군에게 끌려가다가 다시 돌아온 지역을 평안남도 순천 근처라고 기록하고 있다.

11) 손목인, 『손목인 가요인생』, 초이스북, 2013, 65-67쪽.

참고문헌

고복수, 『남기고 싶은 이야기들 시리즈-가요계 이면사』, 조인스닷컴, 2004.

김대행, 『한국시의 전통 연구』, 개문사, 1980.

김의경 · 유인경 편, 『박노홍 전집5-박노홍의 대중연예사2』, 연극과 인간, 2008.

김준오, 『현대시의 해부』, 새미, 2009.

박찬호, 『한국가요사』 1,2, 미지북스, 2009.

손목인, 『손목인 가요인생』, 초이스북, 2013.

장유정, 『오빠는 풍각쟁이야-대중가요로 본 근대의 풍경』, 민음in, 2006.

한국문화방송주식회사 편, 『가요반세기』, 성음사, 1980.

한국문화방송주식회사 편저, 『가요반세기』, 성음사, 1980.

황문평, 『노래백년사』, 숭대문화사, 1981.

저자 : 장유정(현 단국대학교 교수)

대중가요가 좋아 대중가요에 미쳐 대중가요 연구를 시작했다. 서울대학교 대학원 국어국문학과에서 2004년에 「일제강점기 대중가요 연구-유성기 음반 자료를 중심으로」라는 논문으로 박사학위를 받았고, 대중음악 관련 저서와 논문을 다수 내었다. 어렸을 때부터 가수의 꿈을 키워왔기에 누구보다 가수들의 삶에 관심이 많았다. 그리고 2013년 11월 25일 1930년대 재즈송을 리메이크해서 부른 〈장유정이 부른 모던 조선 : 1930년대 재즈송〉이라는 음반을 발매해서 가수의 꿈에 다가가기도 했다.

조용하고 차분하며 겸손했던 황금심은 가수로서 뿐만 아니라 그 삶도 타인의 귀감이 될 만하다. 특히나 광복 이전에 활동했던 가수들은 우리나라 대중음악사의 초창기를 장식하는 중요한 역할을 하였음에도 불구하고 이제까지 많은 관심을 받지 못하였다. 게다가 인터넷에 떠도는 정보 중에는 잘못된 것이 많고 잘못된 정보가 재차 삼차 유포되면서 오류가 진실인 냥 받아들여진 부분도 많다. 이에 그러한 기본적인 정보부터 바로잡고 그녀의 삶을 제대로 정확하게 알리기 위해 황금심 평전을 집필하였다.

황금심을 필두로 하여 앞으로도 광복 이전에 활동했던 가수들에 대한 삶을 정리하고 기록하는 작업을 계속 진행할 것이다. 논문으로 평론으로, 평전으로 대중음악과 관련된 글들을 쓰면서 우리나라 대중음악사에 대한 재인식과 재평가의 기회를 마련할 수 있기를 기대한다.

페리타 인물평전 총서 004
알뜰한 당신, 황금심

발행일 2014년 4월 23일
저자 장유정
펴낸이 이정수
기획 신현규
책임 편집 최민서 · 신지항
펴낸곳 (주)북페리타
등록 315-2013-000034호
주소 서울시 강서구 양천로 551-24 한화비즈메트로 2차 807호
대표전화 02-332-3923
팩시밀리 02-332-3928
이메일 editor@bookpelita.com
값 5,000원
ISBN 979-11-950821-4-8 (04080)
       979-11-950821-0-0 (세트)

「이 도서의 국립중앙도서관 출판시도서목록(CIP)은 서지정보유통지원시스템 홈페이지
(http://seoji.nl.go.kr)와 국가자료공동목록시스템(http://www.nl.go.kr/kolisnet)에서 이용하실 수
있습니다.(CIP제어번호: CIP2014011731)」